全方位领导力

风 里 | 陈雪频 | 包晨星 | 著

中国友谊出版公司

目录
CONTENTS

第四篇　**修身之法：**
　　　　领导力发展之路

致真正的领导者：选择没有捷径的路

从长跑谈起

据说在现在企业家中，最流行的运动不是高尔夫，而是跑马拉松。我周围就有这么一群做企业的，几年前还挺着一个大肚腩，现在他们的身材比以前苗条多了，朋友圈都在晒最近去哪里跑了马拉松，各种跑步装备也是一应俱全，俨然成了一种潮流。

马拉松到底有多火？以2016年北京马拉松为例，由于大幅提高了参赛名额，要求在过去两年内跑过半马或者全马才能参赛。尽管设置了如此高的门槛，还是有66576人报名，最后只有30000个人获得参赛资格。很多人为了获得参赛名额，去参加各种公益跑团，依然搞不到门票。

这些跑马拉松的企业家中，最有名的人是万科总经理郁亮。五年前的"中年发福男"经过刻苦训练，现在已经变成了身材瘦削的"型男"，马拉松成绩堪比专业运动员。现在的万科高管中跑马拉松已经成了一种流行风潮，甚至网络上流行一篇文章，说那些能够带领团队跑马拉松的管理者更容易获得升迁。

为什么这些企业家都开始长跑了？仅仅用"跟风"是无法解释这种现象的。这些企业家都是非常理性的人，他们有很强的独立意志，不是跟风起哄的粉丝。我问过很多朋友，他们告诉我确实很享受长跑的感觉，这种感觉甚至会让人上瘾。对于长跑上瘾，生理学的角度解释就是长跑会让人体分泌多巴胺和内啡肽，这两种激素会让人产生一种很快乐的感觉，久而久之就会让人产生上瘾的感觉。

长跑的人都会有这种快乐感觉，但能够让人快乐的方法很多。除了让人有些上瘾的多巴胺和内啡肽之外，还有什么是让企业家们跑起来停不下来的东西呢？除了生理上的原因之外，我觉得还可以从心理层面解释，那就是长跑给了他们很强的满足感，这种满足感和做企业的满足感非常相似，甚至和人在整个职业生涯的满足感非常相似。

试想一下，一个人大学本科毕业时 22 ~ 23 岁，到他 65 岁退休，工作年限正好是 42 年多一点，和马拉松的距离 42.195 公里很接近。很多人在刚刚步入社会时都血气方刚充满干劲，但后来发现现实和理想相差甚远，开始怀疑自己的目标，对未来陷入迷茫和焦虑，只有那些坚韧不拔的人能够坚持下来，等熬过了最艰难的那个时间点之后，人的状态会越来越好，开始享受跑步这个过程。

我有一个朋友是领导力教练，他以前身体一直不太好，跑 1000 米都会气喘吁吁，经过两年的持续训练，他已经能轻松地在 4 小时之内跑完全程马拉松。他在和我分享跑马拉松的 5 点感悟：

1. 每个人都有自己的起点，哪怕这个起点只有 1000 米，也要悦纳自己。

2. 不要一开始就设定很高的目标，每跑完一段距离都要给自己打气，自己又超越了自己。

3. 和自己比，不要和别人比，心无旁骛，专心致志。

4. 慢就是快，一开始不要太快，保持自己的心率不要高于 140，这样可以跑得更久，那些一开始就快跑的人很难持久。

5. 尊重自己身体的反馈，当自己觉得自己身体吃不消的时候不要硬扛，休息一下，等身体康复了再跑。

你从这 5 点感悟中能看到什么？我想应该不仅仅是跑步，而是做人做事的道理。大道相通，人生和事业就是无数个马拉松，这些道理同样适用于做人做事，也是我们在谈论领导力之前，需要首先看到的一种智慧力量。

当我们谈论领导力

今天，我们用一本书的时间来谈论领导力。而"领导力"三个字，究竟意味着什么呢？

很多人从素质层面和行为层面解读领导力，并由此诞生了各种门派和模型，好像都很有道理。我认为，通过分析卓越领导者的特质和行为来归纳领导力容易陷入误区，那就是这样的归因肯定是对的，但没办法抓重点落地。

关键在于如何看到卓越领导者和失败领导者的差异，从结果层面去解读无非三点：达成目标，创造不同，培养团队。一个无法实现这三个结果的领导者很难说是有领导力的，商业经常以结果论英雄，领导力也必须把结果作为重要考量因素。

要培养有战斗力的团队，需要领导者懂识人、会用人；要达成既定目标，需要领导者对自身有深度察觉的能力，视野、技能、心态——一个也不能少；而要想创造不同，则更需要持续精进的修炼，站在历史与他人的角度去发现属于自己特有的"修身之法"。

本书的构成

我的下属是因为什么留在／离开公司？

我确实地知道员工当前最满意／不满意的点是什么吗？

作为 CEO，我要不要建立自己的"亲信"团队？

我如何信任那个能干的副总？

我为什么留不住"90 后"员工？

……

简单一点看，本书就是在不断回答各种困扰企业家、领导者的常见问题中推进的。

　　通过"识人之智、用人之道、自知之明、修身之法"四个篇章，你将看到这些问题的答案，以及由故事和方法论组成的具有启发性的事件分析。

　　在"识人之智、用人之道"篇，重点会聚焦在认识员工和团队管理方面；在"自知之明"篇，重点将放在领导者的自我觉察，也就是自我心态与习惯管理方面；在"修身之法"篇，重点会转移到行业、思维方式与格局上。

　　我们谨以本书向正在负重前行的企业家、领导者们致敬：

　　愿你们有坚定信念，在迷宫十字路口选择那条没有捷径的路，直面所有问题和困境；不迷信大师，即使跌落谷底也不期待有什么速效秘笈能让自己一朝登临峰顶，在这个只认本事的世界，步步向前，水来土掩。

　　这将是一本没有速成法的书，但期待本书能为你提供一些帮助和启发：多一个方法论或许就多一根手杖，多一个失败案例或许就能多避开一个暗坑。真正企业家所选的这条路一定和长跑相似：终点尚迢迢路远，身体、心理与疼痛常伴，太多难题找不到出口，有时候甚至担心自己一夜白头。但即使身在泥里，我们肯学、肯干，就是好的。这是实话，不是鸡汤。

第一篇

识人之智：你足够了解你的员工吗

最让企业家操心的是什么问题？现在言必谈大数据，我们也要用数据说话。在一家私董会提出来的600多个问题中，前三类话题分别是：团队管理（占比41.7%）、商业模式（19.1%）、自我管理（16.1%）。从数据可以看出，团队管理已经成了最让企业家们纠结的话题了，这也难怪，谁让人是最复杂的生物呢……

在这些团队管理的话题中，又分为三类：一类是管理和股东和合伙人的关系，一类是管理和中高层经理的关系，一类是管理和基层员工的关系。其中，最难的是第三类，其实也是领导力中最基本的层面。

伟事达中国私人董事会小组成员 A 先生经营一家电器公司，有员工 200多名，主要由"80后""90后"构成。过去两年，公司业务状况非常良好，订单应接不暇。然而 2016 年春节假期，某条生产流水线上的 40 名工人回家过年，节后却只有 8 个人回来上班，导致整条生产线停产。

公司人力资源部的人逐一打电话给没有回来的员工询问原因，发现大多数人并不是因为更换了新的工作不来上班的，他们的回答大都如下："觉得工作没意思。""想在家休息休息。""没有收入没关系，反正自己有房住，在家里吃饭，父母也会给生活费用，不想工作了。"

这个故事说明了领导层遭遇的一大难题：我应该如何管理和保留新一代的员工？

　　实际上，不同年代出生的员工，由于所处环境和所受教育不同，有着完全不同的为人处世方式。20 世纪 60 年代的员工讲理想、讲责任、讲激情；70 年代的员工考虑的是回报与付出是否平衡；而 80、90 年代后的员工则是以快乐生活、快乐工作为导向。工作对于他们来说不再是简简单单的谋生方式，而是自我实现的重要途径，从工作中寻找幸福感和归属感，寻找自己的社会价值，是他们对于工作的首要诉求。同时，"80 后""90 后"员工面临着比以往任何一代都多的困境：高企的房价，阻碍其在城市长期稳定就业、生活；职业选择迷茫，学习培训的需求难以实现；情感、精神的强烈需求不能很好地满足，长期困扰着他们的心理。

　　管理者必须根据不同类型员工的心理状况和现实压力，采取不同以往的管理方式才能奏效。而除了认清不同年龄层员工的特点，还应该从性格、追求等不同维度去理解员工。

第一节　你的员工属于事业型还是工作型

内心的原动力

让我们回顾过去，进入两个人的人生。

一个是约翰·洛克菲勒（John D. Rockefeller），美国石油大王，那个时代美国最有钱的人。他活了 98 岁，创造了巨大财富，提供了很多就业机会，也让很多人破产。10 岁时，洛克菲勒把爸爸给的零花钱存起来，从来不花，而且还建立了一个账目。一天，他爸爸突然发现账目上少了 50 美元，当时一个工人的月工资才 10 美元，于是问洛克菲勒钱去哪里了。原来，他贷款给当地的农夫，而且利息高出银行贷款利息。洛克菲勒一辈子都在琢磨怎么赚钱，可以说他这一辈子就是追求金钱的一生。为了赚钱，他甚至间接让他很多同行破产了，以至于有段时间全世界都认为他是赚钱的魔王。为了改变形象，他捐了一所大学，就是现在的芝加哥大学。在捐助仪式上，他目睹了学生的欢呼，因此深受感动——他没想到给别人钱能得到这样的精神回报。他后来还捐赠了很多钱，不过这没有改变他追求财富的本性。他从小就开始记账，即便是后来他富甲天下，他的每一笔账都精确到美分，一分不差。这些账目现在保存在博物馆里。

另一个是圣雄甘地（Mohandas Karamchand Gandhi），印度的民族英雄。由于他对印度独立的贡献，印度人民尊他为国父。他出身富裕，在英国受到良好教育，在南非当过律师，本来可以过衣食无忧的生活。但他目睹了印度平民的孤苦生活后，他选择了放弃财富，开始自己的精神追求，一生追求"无暴力的社会"。他认为，人的生理需要就这么一点点，很容易满足，一个人一双鞋就够了，多了就是奢侈。他过着苦行僧的生活，一副眼镜、一双鞋、一块粗布缠身，每天除了宣传他的信念以外，就是带着他的追随者们打扫厕所。他带领印度人民获得了民族独立，被尊称为国父，但依然不改平民作风，他享受的是人民的爱戴。他是被暗杀的，死的时候79岁，但至今依然活在印度人民的心中。

这两个人都是著名人物，他们各自成就了骄人的事业，但是他们的追求完全不同：一个追求钱财，一个崇尚理想。

老祖宗早就说过："名利不可兼得。"这话有点极端，准确点说应该说是很大的名和很大的利不能兼得。王石很早就看穿了这一点，他曾经面临名和利的选择，他最终选择了名，当然他也没有完全放弃利，只不过和那些富豪榜上的人相比，他的收入要少得多。一般人对于物质和精神或多或少地都有所图，只是比例不同，也即是我们常说的"名利双收"。

那些很看重利的人我们归为"工作型"。他们很看重钱，把工作当成养家糊口的手段，不喜欢奢谈理想。他们很现实，深知成就任何事业、实现个人幸福与理想的基础是物质与财富，所以在工作中以金钱或有形的物质作为动力。

这些人有如下特点：

◆　1. 总是讨论如何找到高薪工作；

◆　2. 总是打探某公司的工资水平；

◆　3. 不愿意多负责任。

那些很看重名的人我们则归为"事业型"。他们不满足于找一份工作，以精神追求作为工作的动力。对他们来说，在工作中所获得的满足感，不是来自金钱，而是来自健康的人际关系、成长、荣誉等。这些人有如下特点：

◆　1. 自己掏钱做一些他认为有价值的事情；

◆　2. 对工作氛围有强烈的好恶；

◆　3. 愿意扩大职权，即使没有工资增长。

当然，每个人都或多或少具备一些这些特质，只是比例不同而已。另外需要注意的是，我们常说的工作型、事业型这两种风格和一个人的事业心无关。无论工作型的人还是事业型的人，都可以有事业心，也都可能没有事业心。我们不能从一个人是哪一类型来推断他是否敬业。

★ **自测题（想想你的员工是哪种类型）：**

> A. 宁可工作乏味一点儿也要多挣一点钱。
>
> B. 宁可少挣一点儿也要做有意义的工作。

如果选 A，他是工作型。

如果选 B，他是事业型。

人为什么而工作

在职业生涯规划领域具有"教父"级地位的美国麻省理工大学斯隆商学院、美国著名的职业指导专家埃德加·辛（Edgar Schein）曾经研究长达12年的毕业生职业规划情况，最终分析总结出职业锚（career anchor）的研究定论，指的是当一个人不得不做出选择的时候，他无论如何都不会放弃的职业中那种至关重要的东西或价值观。实际就是人们选择和发展自己的职业时所围绕的中心。埃德加·辛的职业锚理论很好地解释了一个人为什么而工作。

请看下面哪句话说到大家的心坎上：

◆ 1. 独立自主—我受不了上班的种种约束（事业型）；

◆ 2. 稳定感—我怀念铁饭碗的工作（工作型）；

◆ 3. 专家—我要成为某个领域的大师（事业型）；

◆ 4. 管理—我喜欢当领导（事业型）；

◆ 5. 创业—我要创一个公司（事业型）；

◆ 6. 服务/献身某项事业—帮助别人的事业（扶贫、环保）最有意义（事业型）；

◆ 7. 单纯的挑战自我—我因为厌倦而换工作（事业型）；

◆ 8. 生活—我不愿为职业发展牺牲生活质量（工作型）。

美国数学家、抽样调查方法的创始人盖洛普的Q12远近闻名。员工回答这12个问题，如果都满意，那么他可能是一个敬业的员工。不过，不同的员工对这12个问题的侧重不同。

把你自己代入到员工的角色里，试着问自己这12个问题，如果你的回答多数是"否"，那么，你工作不在状态，你不会久留，为了对自己和对公司负责，你要认真考虑去留的问题了。

在这 12 个问题中，最底层的两个问题，是工作型的员工最关注的问题。而其他 10 个问题，是事业型员工最关注的问题。

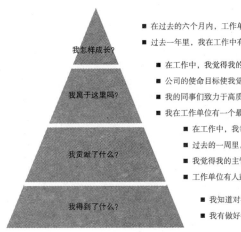

- 在过去的六个月内，工作单位有人和我谈及我的进步吗？
- 过去一年里，我在工作中有机会学习和成长吗？

- 在工作中，我觉得我的意见受到重视吗？
- 公司的使命目标使我觉得我的工作重要吗？
- 我的同事们致力于高质量的工作吗？
- 我在工作单位有一个最要好的朋友吗？

- 在工作中，我每天都有机会做我最擅长做的事吗？
- 过去的一周里，我因工作出色而受到表扬吗？
- 我觉得我的主管或同事关心我的个人情况吗？
- 工作单位有人鼓励我的发展吗？

- 我知道对我的工作要求吗？
- 我有做好我的工作所需要的材料和设备吗？

（金字塔图中标注）我怎样成长？ 我属于这里吗？ 我贡献了什么？ 我得到了什么？

职业价值观

你的员工是属于事业型还是工作型？这并非是不可以改变的事情。如果一个人做自己喜欢做的事情，久而久之，就会越来越擅长他做的事，甚至会从工作型向事业型转变。

霍兰德（John Holland）把人按照职业价值观分成六种：务实型、思索型、艺术型、交往型、进取型、常规型。

务实型的人具有以下特点：

● 具体而实际

- 喜欢运动
- 崇尚行动
- 热爱大自然
- 动手能力强

务实型的人擅长或者喜欢以下活动:

- 做东西或修理东西
- 操作设备或手工活
- 户外工作
- 照看或训练动物
- 在没有别人陪伴的情况下工作

思索型的人具有以下特点:

- 喜欢钻研问题
- 分析能力强
- 崇尚科学
- 有逻辑

思索型的人擅长或者喜欢以下活动:

- 解答数学问题
- 研究科学理论
- 操作显微镜或电脑

- 在实验室做实验

- 做研究分析数据

- 阅读科技杂志

- 在没有别人帮助的情况下工作

艺术型的人具有以下特点：

- 有创造力和想象力

- 喜欢尝试新方法

- 直觉能力强

- 独立

艺术型的人擅长或者喜欢以下活动：

- 用作曲、演奏乐器、唱歌、跳舞、表演的形式表现个性、感受和思想

- 绘画、雕塑、设计

- 阅读或写作小说、戏剧、诗歌

- 摄影、拍电影或录像

- 听音乐会或看美术作品展

- 阅读科技杂志

- 在没有固定作息时间的情况下工作

交往型的人具有以下特点：

- 合群

- 外露

- 擅长待人接物

- 理解人

- 合作

- 能说会道

- 关注人类幸福

交往型的人擅长或者喜欢以下活动：

- 授课、培训、助人、指导或照看别人

- 与人打交道

- 倾听并理解别人的感受

- 通过讨论解决问题

- 在小组中工作或参加集体运动项目

进取型的人具有以下特点：

- 热情而坚定

- 有说服力

- 有创业精神

- 有抱负

- 注重结果

- 合群

进取型的人擅长或者喜欢以下活动：

● 演说或辩论

● 激励或影响别人

● 销售商品或宣传某种观念

● 管理或领导人

● 策划项目、组织活动

● 为权力、地位而奋斗

常规型的人具有以下特点：

● 精确、关注细节

● 有效率、有条不紊、讲求秩序和方法

● 有耐心做烦琐的文书工作

● 适合等级森严的组织结构

常规型的人擅长或者喜欢以下活动：

● 跟数字打交道

● 做簿记

● 操作电脑

● 执行清晰的指令和规章制度

● 制定和维护办事的程序

● 把信息分门别类

● 按部就班完成任务

● 在结构清晰的框架下工作

霍兰德为各种类型的人推荐了适合他们的职业。如果你的员工找对了职业，他就不会过于在意报酬，甚至，会放弃更高报酬的职业，而选择他们自己喜欢的职业。

管理工作型员工

中国俗语说，人为财死，鸟为食亡，由此可见物质激励对于一个人的重要性。在西方，勤劳致富也是清教徒的理念，并由此诞生了现代资本主义。心理学家马斯洛认为，没有生存和安全的保障，人们不会有精神追求。心理学研究发现，财富的确能增加幸福感。既然追求财富是正当的，员工就不必羞于谈钱，管理者也要充分利用金钱的激励作用。

管理学专家麦克尔勒包夫认为，在十种激励手段中，金钱是最好的激励手段。对这一点，工作型的人体会更加深刻。工作型的定义，符合 X 理论对人的基本假设，即人的本性好逸恶老，除非受到鞭策，不会努力工作。

工作型的人不会对工作有太多的感情寄托，不会在意工作本身是否有趣。这样的人能够适应很多种类的工作，只要薪酬往上走，调岗对他们来说不是太大问题。

目前流行的宽幅薪酬理念，对工作型的人是最有效的。如果做专业技术人员做到最后，薪酬比做管理者低不了太多的话，工作型的人不会总想着为了地位和权力而转做管理。

在工作型的人看来，精神激励是虚的。工作型的人容易被高薪吸引而跳槽，因为公司文化、团队氛围、好老板、培训发展机会这些"虚"的东西，在工作型的人看来，价值要打些折扣。在他们看来，谈钱不伤感情，但谈感情就会"伤钱"。

工作型的人相信"有钱能使鬼推磨"，他们会夸大金钱的作用，弄不好就会掉到钱眼儿里，变得斤斤计较。

对于工作型的人的激励，不要玩浪漫。与其花一万元钱为他们塑一个铜像放在公司名人堂，不如花一万块钱为他们买个保险更有效。或者，干脆发一万元钱给他们。

管理事业型员工

一个人在一天24小时中，睡眠要用掉8个小时，吃喝拉撒用去几个小时，剩下的时间主要是在工作中度过的。工作对于人不只是生存的手段，一个人的精神需求主要是在工作中获得满足的。

心理学家马斯洛（Abraham Maslow）把基本生存需要以上的高级需求细分成归属某个集体的需求、受尊重的需求、追求真理的需求、对美的需求，以及发挥自己潜能的需求。如果工作不能满足人们的这些需求，那么，还有什么机会让一个人满足这些需求呢？

曾经流行过一种管理叫作四处走走的管理（walk around），领导一句鼓励的话，拍拍员工肩膀的动作，都是一种精神上的鼓励。管理学上著名的霍桑实验（Hawthorne Studies），初衷是研究照明等物理条件对生产效率的影响，意外的发现是，工人们由于受到研究人员的重视，在照明等物理条件没有改善的情况下，生产效率竟然一直提高。这证明精神激励的作用，有时不亚于物质激励。由此以后，好多著名的管理理论都强调精神激励的作用。事业型的定义，符合Y理论对人的基本假设，即人的本性是希望把事情做好的，如果给予认可和鼓励，他们会充分发挥潜力。

事业型的人指望从工作中实现人生价值，这样的人可能给管理造成难题。好多事业型的人会不断随着兴趣和追求的改变而不断变换工作。一旦找到符合职业理想的工作，这种人会十分投入；一旦发现工作与职业理想有冲突，这种人会很快失去工作动力。

第二节　他们为什么会频繁跳槽

奋斗型与宿命型

松下幸之助，这位松下电器的创始人，虽然工作起来非常勤奋，但把自己的成功归结于自己的运气。1979 年，他对媒体说：

> 不管怎么说，我是比较偏向宿命论的，不论如何努力，若不是幸运相陪，绝对不能成功。因此每逢难题发生时，我总认为命运会作最后的裁决，所以不会特别担忧。我经常告诉别人，说自己的运气很好，这是事实而非谦虚。像我这样身体虚弱又无资金的人，纵使能勉强创业，也根本没有成功的希望。而我却能如此顺利地拓展事业，或许可以说是命中注定……虽然人类最终的结果是取决于命运，但应该努力之处还是得全力以赴，不脚踏实地，老是叫唤"听天由命"是没有用的。

这种解释自己成功的方式，在欧美的成功人士中并不多见，但在讲究谦虚的东方人中还真不少。《数字商业时代》这样报道曾任惠普中国总裁的孙振耀：

> 在孙振耀看来，自己的成功70%是靠运气，剩下的30%才是能力。孙振耀真正进入惠普应该在1978年，当时他正在读大学，大学毕业后，孙振耀服了两年兵役，1982年重新进入惠普，而这一待就是22年。最初孙振耀只是惠普一名普通的技术人员，1982年惠普业务调整使孙振耀不得不从事市场销售的工作，孙振耀说，这是他的人生DNA第二次改变，因为做技术和销售确实是两个不同的世界。

这种超然物外的态度，和老子的学说异曲同工。老子主张顺应自然，强调无为而治。这种观点，似乎成了宿命论的基础。因为事情结果如何，万物如何演变，都是有规律的，人的努力无法改变这个规律。老子把这个规律称作"道"，道的观点，影响了一代又一代的中国人，还有日本人和韩国人。有人说，中国人得意的时候，都是儒家，讲究积极进取。中国人失意的时候，都是道家，强调随遇而安。

有一类人，他们对环境及随机或偶然因素感觉敏锐，深知除个人努力之外，成败有时更多取决于机遇、运气等。这类人叫作宿命型的人。宿命型的人往往这样解释自己和评论别人的成败：

- ◆ 1. 生不逢时；
- ◆ 2. 大势所趋，换了谁都一样；
- ◆ 3. 谋事在人，成事在天。

诗人王维估计也是个宿命型的人，他有两句诗，用来评价两位汉朝名将的成败："卫青不败由天幸，李广无功缘数奇。"

还有一类人，笃信成败取决于个人或集体的能力等稳定的因素或者努力等非稳定因素。这类人叫作奋斗型的人。奋斗型的人往往这样解释自己和评论别人的成败：

◆　1. 有志者，事竟成；

◆　2. 如果再来一次，我一定会成功；

◆　3. 事在人为。

相貌本是天生的。林肯的奋斗型反映在他的一句广为流传的名言上：一个人过了 40 岁，应该为自己的相貌负责。那时还不流行整容手术。

任何事情的发生与否，结局如何，既取决于人的能力和努力，又取决于外在条件和偶然因素。但是，不同人专注于不同的侧面。有人看到能力和努力多一点，另一些人看到外在条件和偶然因素多一点。于是，在对身边的事情和世间万物的解释上，出现了宿命型、奋斗型两种风格。一般来讲，从一个人怎么看待自己和别人的成败，可以反映出他是宿命型还是奋斗型。

★ 通过以上内容来考量，你的员工是属于奋斗型还是宿命型?

> A. 人的命，天注定。
>
> B. 有志者事竟成。

如果选 A，他是宿命型。

如果选 B，他是奋斗型。

心理学研究发现：一般人喜欢把成功归结为自己的能力或努力，而把失败归结为外界因素，这是保持良好自我感觉的思维方式。心理学研究还发现：一般人对自己的事情，看到外界因素多点，因为自己看不到自己；对于别人的事情，看到内部因素多点，因为不能从别人的角度看他们面临的处境。我们看历史人物往往是这样，例如，我们看李鸿章，有人认为他卖国，是个罪人，但是他当时的处境，很少有人能去看。我们看身边的人，何尝不是如此？在公共场所，我们看到一个人跌到了，首先想到他笨，至于地有多滑，只有他自己最有感触。

心理学研究发现，人们适应环境有三种方式，一是改造环境以适应自我，这叫第一级控制（primary control）。二是改造自我以适应环境，这叫第二级控制（secondary control）。三是换个环境，一走了之。这种"走为上"的适应方式，跟改造环境有类似的地方。奋斗型的人更愿意付出努力改变环境，如果频繁受挫，也会一走了之，宿命型的人更愿意改变自己顺应环境。

管理宿命型员工

对于宿命型的人来讲，挫折对自我的打击相对不是很大。听天由命、随遇而安的态度，在某种意义上，是一种心理保护。

审时度势是宿命型的人的思维定势。他们习惯考虑哪些是环境条件允许我们做的，哪些是环境条件不允许我们做的。

对于失败，宿命型的人容易给人推诿责任的嫌疑。宿命型的人对别人也往往也会抱着宿命型的观点，觉得一切都早已注定，因此对别人也相对宽容些。他们既能为自己又能为别人开脱。

管理宿命型员工，有两个要点：第一，业绩辅导要侧重引导宿命型导员工做内归因；第二，群策群力发挥宿命型员工的优势。

为了辅导宿命型员工提升业绩，管理者比较聪明的做法，是引导员工找到自身的成败原因。为此，管理者要走两个步骤，第一步，认可宿命型员工的外部归因。一种典型的场景是：宿命型员工会把失败归为外部环境中的不利因素（例如，经济不景气、竞争太激烈、消费者或者客户太挑剔、行业政策不给力等等），或者归为组织内部环境中的因素（例如，产品不给力、其他部门的支持不给力、指标定得太高等等）。对此，管理者万万不可陷入与宿命型员工的争辩，相反，明智的做法是原则上认可宿命型员工的外部归因。这一步是为了"求同"，有了共识，建立了上下级之间的信任，为下一步"存异"做好铺垫。第二步，专注于内部归因，就是引导员工从自身的努力、能力、工作方式等角度寻找改进方案。

宿命型员工容易过度使用自我防卫机制，即有意识或无意识地找客观因素为自己的失败开脱的心理。例如，酸葡萄机制（认为得不到的东西没什么价值）、甜柠檬机制（认为已经获得的东西其实很有价值），说穿了就是心灵鸡汤喝多了。过度自我防卫的员工的典型心态是：宁做想象中的第一，不做现实中的第二。所以，管理者清晰地、有技巧地给出真实的反馈，才能够抵消心灵鸡汤的副作用。例如，业绩排名，把业绩做出客观指标，才可以打破过度自我防卫的员工的白日梦。

管理宿命型员工的常用句型是：

"客观原因的确很重要，可是有没有我们自身的原因？"

　　"我们很难改变环境，但是我们可以改变自己。"

　　群策群力是让每个员工贡献聪明才智的工作方法，其有效性在 GE（通用电器）公司得到充分验证。前 CEO 杰克·韦尔奇和人力资源管理大师大卫·尤里奇热情推荐此方法。宿命型员工的思维优势是专注于 SWOT 分析法[1] 中的 OT，也就是环境中的机会和威胁，管理者可以把宿命型员工审时度势的思维习惯变成优势。

管理奋斗型员工

　　对于奋斗型的人来讲，挫折对自我的打击相对大一些。遇到灾难，他们过于自责。他们会对自己说：如果我做得好一些，也许就不会落得这样惨。

　　奋斗型的人相信，只要努力，就会有回报，成事在人。他们是积极改变自身处境的人，他们绝对不会坐以待毙。

　　对于失败，奋斗型的人首先找自己的原因。这样，有助于他们从失败中学习、成长。失败是成功之母，对奋斗型的人来说，这句话更加适合。

　　奋斗型的人对别人也会抱有奋斗型的观点，因此对别人的要求也要相对高些。

　　管理者一般会欣赏奋斗型员工，但是奋斗型员工往往给管理者造成两个挑战：第一，他们过于自责，容易陷入负面情绪；第二，他们对环境的忍耐力有

---

[1] Strengths Weaknesses Opportunities Threats，是用来确定企业自身竞争优势和劣势、机会和威胁，从而将公司的战略与内部资源、外部环境有机结合起来的一种科学分析方法。

限，容易议论甚至抱怨，跳槽的几率也相对比较大。

自我防卫实际上有好处，好处在于它让人免于陷入自我否定的负面情绪。勇于剖析自己、否定自己，是奋斗型员工的优点，也是软肋。管理者应该为奋斗型员工提供必要的心理支持，心理支持不同于工具性支持。心理支持说穿了就是安慰。工具性支持就是一个良好的工作平台。奋斗型的员工往往善于获得工具性支持，而不善于寻求心理支持。

对于奋斗型员工的抱怨，管理者应该感到欣喜，因为他们的抱怨表明他们关心企业，希望企业更好，管理者其实可以充分利用这种心态，解决企业存在的问题。杰克·韦尔奇就曾经是这样的抱怨者，他刚进 GE 公司不久，就发现公司有很多问题，所以对公司的制度流程常有微词。他的直接上级对此很反感，韦尔奇得不到重视，决定离职，直接上级当然不加挽留，但是公司的高层有位领导却十分欣赏韦尔奇。正是这位高层领导跨级留住了他。后来，韦尔奇成为公司的最高领导人，这位奋斗型员工大刀阔斧地推进多项变革（包括著名的群策群力、六西格玛，以及饱受争议的末位淘汰制等等），成为管理史上的一个传奇。

动力四象限

事业型—工作型、奋斗型—宿命型，这两个维度交叉，产生了四个象限：事业—奋斗型、工作—奋斗型、工作—宿命型、事业—宿命型。每个象限里面的工作动力类型，都有优缺点。

第一象限：事业—奋斗型。典型的创业者类型，明星销售代表也多落脚

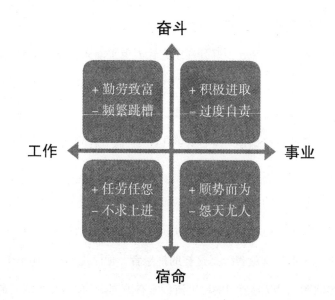

于此。他们的优点是积极进取，缺点是过于自责。

　　第二象限：工作—奋斗型。典型的专业技术人员，他们靠本事吃饭，有家庭责任感，以挣钱养家为荣。他们的优点是信奉勤劳致富，为了挣钱不怕吃苦，缺点是没有耐心，在工作好找的时候，看不到加薪前景就频频跳槽。

　　第三象限：工作—宿命型。典型的体力劳动者，他们欲求不高，优点是任劳任怨，只要有钱拿就行，缺点是不求上进，能对付就对付。

　　第四象限：事业—宿命型。典型的怀才不遇的有志之士。他们有追求，但是不愿意付诸行动，凡事喜欢归结于外部环境。他们的优点是善于顺势而为，缺点是如果环境不利，容易怨天尤人。

　　看看你的员工落在哪个象限？

第三节　你需要高调还是低调的员工？

高调做事，低调做人

成语"毛遂自荐"中的毛遂，确有其人。《史记·平原君列传》有记载。当时，秦王攻赵，赵国派平原君到楚国求救，计划挑选文武双全的二十个人随平原君前往楚国，开始只挑选到十九个人。正在这时，平原君的门客毛遂自己推荐自己，说自己的才能如何了得，那十九个人都笑话他。《史记》也没有记载到底毛遂有多大能耐，只是说他成功地说服了楚王与赵王联合。总之，毛遂对自己的评价很高，而且高于周围人对自己的评价。没有这种高度的自我评价，毛遂不可能有机会做出使楚国这样的大事，他的名字也上不了《史记》。中国文化不待见自我评价高的人，毛遂这样的人物，凤毛麟角，遂成成语典故。

三国人物诸葛亮是个自信的人物。在"躬耕垄亩"的时候，常常把自己比作古代的名臣管仲和乐毅。当时的人们并不同意他的这种比喻。即使今天，在某些人看来，他的业绩远不及乐毅。乐毅，战国时期燕昭王的国相，曾率五国之师伐齐，拿下齐国七十余城。而诸葛亮六次北伐，一次接一次地失败，一而再地消耗了蜀国国力。这说的是业绩，论能力，是否诸葛亮不及乐毅，我们不得而知。但是，诸葛亮自比乐毅，足见他自视甚高。

雷锋是另一个谦虚的例子。雷锋是个出身贫寒的孤儿，他把自己看得很低，把人民、党和国家看得很高。雷锋日记中，把自己比作小小的螺丝钉。从他的比喻中，可以看出他把自己看得多么渺小。他在日记中写道：

> 今天是我永远不能忘记的日子，我光荣地参加了抚顺市第四届人民代表大会第一次会议。像我这样给地主放猪出身的穷孩子，能够参加这样的大会，心里有说不出的高兴和感激。
>
> 白求恩同志对待自己本行业务是那样刻苦地钻研，精益求精，为人类的解放事业献出了毕生精力和整个生命。可是我呢，为党、为人民又做了一些什么呢？对照起来，我感到万分惭愧和渺小。

人分两类：高调的和低调的。高调的人充分估计自己的能力，对自己能完成工作信心十足。低调的人客观评价自己，在工作中表现谦虚。

为人高调还是低调，取决于人的自我概念。人的自我概念内容丰富，有社会的自我、心理的自我和生理的自我。在这些方面，人们对自己的评价，人与人之间差别很大。自我评价的高低本身虽然并不决定别人对自己的态度。我们喜欢一些特别自信的人，同时也喜欢一些特别谦逊的人。然而，对自己的评价的高低，决定了一个人能选择多大挑战性的任务和在多大程度上发挥自己的才干。

自信和自大都是自我评价高的表现。自信是好听的说法，自大、自负、自傲是不好听的说法。谦逊和自卑都是自我评价低的表现。谦逊、谦虚是好听的说法，自卑、自贬是不好听的说法。拿破仑对于人的自我评价应该多高多低有一个独到见解，他说人的自我评价和他的能力应该是相等长度，两者构成一个正方形。过高过低都不好。

要看一个人高调还是低调，可以直接问他对自己的评价，也可以通过观察。

高调的人往往：

◆ 1. 公开介绍自己的优点和成就；

◆ 2. 把自己跟伟大人物做比较；

◆ 3. 志向高远，经常表达出人头地的愿望或怀才不遇的痛苦。

低调的人往往：

◆ 1. 强调自己的缺点和局限；

◆ 2. 面对重任有畏难情绪；

◆ 3. 能够坦然接受批评。

高调的人容易自我中心，他们注重自己内心的标准，用内在标准来衡量自己和他人的工作表现。

低调的人注重外在标准，他们用外在的、别人制定的标准（例如，参照他人的表现或上级的评价）来衡量自己的工作表现。

一个人的成长过程，是不断把社会上的外在标准有选择地内化成为内在标准的过程。这个过程的失败，就是个人社会化的失败，反社会人格就是这样的结果。

一个人所处工作环境中的外在标准和他个人的内在标准，不可能完全一致。这两套标准，必然会相互影响，而且互相之间需要做妥协。企业的领导人，他们的内在标准，往往会极大程度地影响其他成员的外在标准，企业内处于底层的普通员工，他们的内在标准，往往要不同程度地让步给外在标准。

◆ 1．工作中我们经常会见到我行我素的人，他们的风格是内在标准。工作中我们也经常会见到随遇而安的人，他们的风格是外在标准。过分坚持内在标准，会显得偏执。过分迎合外在标准，会显得圆滑，容易被形容成变色龙。

◆ 2．外在标准的设定者，除了公司以外，还有上级、客户和同事。他们的评价尺度，对于人们来说，都是不可忽视的外在标准。

◆ 3．内在标准风格的人，喜欢议论时政，评论公司的规章制度、操作流程等。

◆ 4．外在标准的人，喜欢引经据典。判断一个人属于哪种风格，可以通过请教他一些事情的做法，比如，你问他"什么样的员工是好员工"，外在标准的人会告诉你公司规章上对员工的要求，或者分析领导人对员工的要求，而内在标准的人会跟你大谈他认为的好员工的标准。

★ **请做选择题，你的员工会如何选择呢?**

> A. 以我的才能，我可以做更重要的工作。
>
> B. 我的工作要求我不断进步。

如果选 A，他为人较为高调。如果选 B，他为人较为低调。

高调者容易超水平发挥

自我评价高有利于发挥最佳水平，甚至可能超水平发挥。心理学关于自我功效感（self-efficacy）的研究证实了这一点。自我评价高的人挑选特别有挑战性的高难度工作。传说中的武松打虎就是一个例子。武松本来也是怕老虎的，但艺高人胆大，他对自己的能力特别有信心。所以，武松不听劝，明知山有虎，偏向虎山行。后来碰到老虎，还是惊出一身汗。武松自恃武艺高强，挑战极限，才成了打虎英雄。武松打虎与骑虎难下之间，或者说可敬与可笑之间，仅有一步之隔。

自我评价高的人，为了维护这个评价，会使出浑身解数。所以，自我评价高的人里面，有好多人工作起来特别努力。

自我评价高的人，心底里厌恶批评。他们的教养可能掩盖他们对批评的抵触。毕竟，批评与他们的自我概念是冲突的。对于自我评价高的人，肯定和鼓励比批评更加有效。当然，对于别有用心的吹捧，只要不过于夸张，自我评价高的人抵抗能力比较弱。

人的本性是什么？根据心理学一百多年来的研究成果，我们的答案是：爱自己。高看自己是普通人的本性。如果一个人自我评价高，他就更容易感觉自己怀才不遇，别人就更容易觉得他眼高手低。

高调者需要内敛

自我评价过高，有时让别人难以接受。因为，你爱自己，高看自己，别人也一样啊。你看高自己，就暗示着你看低别人。枪打出头鸟，就是这个道理。

极度高涨的自我评价，有可能属于躁狂症的症状，不是健康的精神状态。德国大哲学家尼采自诩为太阳，他的精神健康状态非常糟糕。

自恋（Narcissism），正如抑郁一样，是许多普通人或多或少都具有的倾向。适度的自恋，是一种自信，有助于成就。过多的自恋，则容易眼高手低。自恋的人最让人不能接受的是他们过于自我中心（egocentrism）而缺乏同理心（empathy），即他们不会体会别人的喜怒哀乐。

高调者坚持内在标准，有时会与外部世界产生激烈的冲突。布鲁诺认为地球是围绕太阳转的，他坚信这一点，尽管他知道教会和当时的世人认为地球是宇宙的中心。跟他持同样观点的人是哥白尼，哥白尼做了大量观测，甚至写了一本《天体运行》的书宣传日心说，但是被烧死的人却不是哥白尼，而是布鲁诺。布鲁诺和哥白尼的区别在于，布鲁诺是个典型的内在标准的人，而且他根本不在乎别人怎么看待他。哥白尼也坚持内在标准，但他同时尊重外在标准，他清醒地知道他的观点在当时是大逆不道的，所以，直到临死前，才敢把他的《天体运行》拿出来发表。

　　精神分析学说的创始人弗洛伊德，出版《梦的解析》一书，用性驱力解释梦的内容。当时，他的同行们认为他精神不正常。有那么短短的一个阶段，也许是听众人的批评多了，连弗洛伊德本人都怀疑自己是否正常。但弗洛伊德毕竟是个内在标准的人，他坚信自己是正确的，不断写书、写文章、演讲，论证自己的理论。终于他的观点逐渐被行业接受，并一度成为心理治疗的主流理论。

　　从众是一种心理学研究较多的现象，人们往往屈从于群体压力而做出与内在标准不一致的行为。坚持内在标准的人能够抗拒群体压力，而不从众。心理学研究发现，群体决策过程往往容易产生两极化，不是过于冒险，就是过于保守。这个时候，坚持内在标准的人，能够站出来说话，避免决策的两极化。

　　坚持内在标准的人，只有一套标准。坚持外在标准的人，有时会面临多套标准。比如，公司和客户，对于客户服务人员的要求可能有不同的地方。

　　坚持内在标准的人，如果他的内在标准低于他周围环境所设立的外在标准，人们会认为他是一个对自己要求不严的人，不上进的人。反过来，如果他的内在标准高于他周围环境所设立的外在标准，人们会认为他精益求精。

　　坚持什么标准不是一个容易的问题。我们想象当年的李鸿章，他的外在标准来自他的"老板"——慈禧太后，当他代表清朝廷与列强谈判的时候，他不可能不考虑列强的要求，甚至还要做让步，同时，他谈判签下的《马关条约》和《辛丑条约》，丧权辱国，必然面对全国人民的声讨。他作为洋务运动的倡导者，不可能没有自己的内在标准。

低调者容易被人接受

低调有利于打消别人的戒心，这样的人容易与大家打成一片。如果把比较低的自我评价用得体的方式表达出来，给人留下的是谦逊的形象。这样的形象，不光在中国这样的社会大受欢迎，就是在容纳甚至崇尚个人英雄主义的西方，也大行其道。

低调的人选择自己力所能及的工作任务，不会骑虎难下。他们不容易好高骛远，不容易被看成眼高手低。

对于低调的人，溜须拍马的作用不大。《战国策》中《邹忌讽齐王纳谏》说邹忌对自己的相貌跟著名帅哥徐公相比谁更帅不太有把握。见到徐公，仔细欣赏之后，觉得自己比不上人家。对着镜子看了看自己，更加感觉不如人家帅。于是发现，老婆、小妾、客人之所以说自己比徐公帅，都是别有用心的："吾妻之美我者，私我也。妾之美我者，畏我也。客之美我者，欲有求于我也。"

批评，只要是建设性的，与低调的人的自我概念并无太大的冲突。所以，低调的人更能接受批评。同时，他们更善于从自我批评中进步。对于低调的人，开展批评与自我批评应该比较有效。

过低的自我评价，实际上是抑郁的表现之一，不是健康的精神状态。饱受抑郁症之苦的海明威、张国荣，把自己看得很低，简直没有活下去的必要，他们选择了以自杀的方式结束生命。

在这个世界上，自己不先认可自己，要等待别人的认可，可能会需要很长时间。

有时，一定要获得外界的认可，需要付出惨痛的代价。中国有个典故，叫作卞和献玉。《韩非子》中记载：楚国人卞和找到一块玉石，把它献给了厉王，厉王认为不过是一块石头而已，就砍去卞和的左脚。卞和不甘心，又等到武王即位，把玉石献给武王，武王也不识货，砍去卞和的右脚。卞和怀抱玉石，彻夜痛哭。文王即位后听说了这件事，就请卞和把玉石拿来，一看，承认是块美玉。卞和牺牲双脚，为的是求得权威人物的认可，他自己早就知道那是一块玉石，但他就是在乎外界的评价，非要讨一个"说法"。

高调员工和低调员工的用武之地

人生就像一个舞台，我们都是演员，演着不同角色。如果把工作场景比作舞台，工作舞台分成两种：前台和后台。前台是高调员工的用武之地，后台是低调员工的用武之地。如果让高调员工做后台工作，低调员工做前台工作，那么有可能工作舞台就成了地狱。

前台工作，指的是那种经常露脸的工作，可见度非常高。所谓露脸，并不限于公司公共关系发言人这类角色，其他广泛接触人的角色都是前台，这包括营销、采购和售后服务等工作。后台的工作则相反，你做得再好，可能也只是个无名英雄。

事在人为，管理者其实可以把任何一项工作做成前台和后台。一家公司是本土管理咨询行业中的翘楚，这家公司出版一本刊物，相当于《麦肯锡》季刊这样的刊物，其中的文章质量很高，署名全是某某公司顾问，这种做法，就是把本来是前台的工作变成了后台。什么人愿意不署名地发表文章然后默默拿稿费呢？大多是低调员工。换成高调员工，他们宁可不拿稿费，也要署名。后来我们在自己所在的国际著名管理咨询公司推广造星运动，就是把有实力的咨询顾问打造成业内明星，初衷有两个，第一，增加销售力度，因为明星比较好卖；第二，留住优秀的顾问。

管理咨询公司的员工有两类，一类酷爱讲课，这类员工是高调员工；一类酷爱去客户企业解决问题，仿佛一段时间内成了客户企业的员工天天去上班，这类员工是低调员工。

CEO 也分高调低调两类。高调有高调的好处，但高调也有高调的麻烦。

某一家行业的全球隐形冠军公司，我们有一次写他的案例，问他是否可以提他和他的公司的名字，他坚决反对。低调是低调者的生存法宝，高调是高调者的营销诀窍。

有些企业文化特别适合高调员工生存和成长。一家美国企业的领导告诫员工，不能光干活，还要为自己做宣传。这是家扁平化的组织，会哭的孩子有奶吃。的确，扁平化组织的管理幅度太大，一个管理者要对几十个员工负责，怎么管得过来？所以，高调员工更容易成长。而在传统组织结构里面，例如科层制，分工明确，流程清晰，业绩可见，太过高调员工其实很让人反感。在结果导向的文化里面，高调等于一种业绩承诺，大家对高调员工的期望也更高。高调等于吊了大家胃口，所以，高调员工必须用结果兑现自己的高调。低调员工更适合结果导向的企业文化。

第四节　心型员工相信直觉，脑型相信数据

心型员工与脑型员工

我们不断听到两种截然相反的忠告。一个声音对我们说："三思而后行（Use your head）！"另一个声音对我们说："听从内心的召唤（Follow your heart）！"我们无所适从。

有一类人凭直觉做事，灵活善变。他们听从内心的召唤（Follow the heart）。通用电器公司退休的前 CEO 杰克·韦尔奇（Jack Welch）认为应避免用详尽的战略规划束缚事业部的手脚，而只制定几个明确、崇高的目标，以便前线指挥官随机应变，抓住实现目标的机会。所以，他在任期间，把制定战略的工作从总部下放到各个事业部。曾任惠普公司董事长兼 CEO 的卡莉·菲奥里纳（Carly Fiorina），在一向强调计划性的惠普公司内，强调灵活应变。她在任期间，要求下面各个部门经理，不要等计划做到完美再付诸行动，而是在大方向确定以后，就放手去做，然后在做的过程中不断纠正错误。

　　另一类人则相反，"一板三眼"，遇事三思而后行（Use the head）。鲁迅在教育部的时候，每天上班严格遵守时间表，天天如此。所以，他上班经过的一些店家常常拿他做时间表，只要他从此处经过，肯定做饭的时间就到了。可见，他是一个非常遵守时间表的人。鲁迅的喜好也不易变化，例如在绍兴时，鲁迅特别喜欢买糖吃，而且总是在固定的店，买固定品种固定数量的糖。每当他进那家店，不用开口，老板就让伙计拿他要的糖。

　　有人说，德国哲学家康德的一生就像是"一个最规则的动词"。康德一辈子没结过婚，从来没有出过远门。八十多年他日复一日地恪守着自己的时间表，像一部精确可靠的机器。以下是康德在哥尼斯堡大学任教的典型一天：早上五点起床，去书房喝两杯淡茶，吸一斗香烟。七点，穿好衣服去教室上课。课后他又换上睡衣回到书房看书。下午一点，再次更衣与朋友共进午餐。一点半，散步，思考。

　　第一类人叫作心型，第二类人叫作脑型。

　　脑是大脑皮层，掌管理性分析；心是皮层下中枢，掌管人类和其他动物的情绪、本能、直觉。动物凭借情绪、本能、直觉顺利适应环境，而人类却心脑不兼容。心脑不兼容，导致人类日常生活决策失误和重大历史错误。

　　脑是理智、逻辑的，却有脆弱、拘谨的弱点；心是迅捷、深厚的，却有任性、盲目的缺陷。如何克服脑的弱点，如何弥补心的缺陷，如何让心脑兼容，如何让心脑互补，做到真正的心脑合一？

　　心型的人灵活，他们不习惯严格按照计划做事，而习惯于走一步看一步，随时调整时间安排。

　　脑型的人结构化，他们不习惯随时调整时间安排，而习惯于做事严格按照计划。

一个人是灵活性还是结构化的工作风格，可以从以下几个方面观察：

◆　1. 告诉他计划改变了，看他的反应。结构化的人的典型反应是：啊！又变了！能不能别再变了！表情呈痛苦状。灵活性的人，反应不会这么消极，甚至有点兴奋。

◆　2. 突然约他出去做一件他平时喜欢的事情，比如看电影、喝酒、运动等，结构化的人的典型反应是：对不起，我已经有了安排，我要去做……而灵活性的人，大多情况下会高高兴兴地跟你去，即使先前有别的计划，也会很快——重新安排好。

◆　3. 看看他的记事本。结构化的人喜欢使用有日期的记事本，而且每天或每周把要做的事情写上去。灵活性的人，或者没有记事本——他们喜欢把要做的事情写在一张张纸上；或者选择没有日期的记事本，即使有日期，也不按照日期记事。

这对风格本身与工作效率无关。

心型相信直觉，脑型相信数据

让一个人抬头看天上的云，问他云的形状像什么，脑型的人会仰望良久，告诉你就是一片云而已；心型的人会很快告诉你，他看到狮子、中国地图、一个人躺在浴缸里……

让下属写可行性报告,脑型的人总是罗列大量数据,还抱怨数据不足,所以,他们倾向于做时事性的描述,而迟迟不愿下结论。心型的人总是根据很少的数据迅速形成初步观点，然后寻求数据证明或推翻观点，有时会显得过于武断。

心型的人决策果断，脑型的人决策慎重。果断和慎重，事关决策时间的长短，与决策质量没有必然联系。

在生活中，看一个人是果断还是慎重，可以看他买东西和点菜的快慢。

在工作中，可以看通过提供选择，看他反应的速度。比如，让下属从两件工作任务中挑选一件去做，或者让下属从两个同事中挑选一个所谓合作伙伴。果断的人会当场做出选择，慎重的人不会当场给答案。

★ 请做选择题：

> A. 听从内心的召唤。
>
> B. 三思而后行。

如果选 A，他是心型。如果选 B，他是脑型。

心型和脑型各有优势

小公司的行动一般比较灵活机动。据调查，大多数中小企业是不做商业计划的，这使得它们对环境的反应迅速。

军事理论家克劳塞维茨认为详尽的计划通常会失败，因为情况一定会变化。法国名将拿破仑、中国名将韩信，都以灵活用兵著称。韩信的"背水一战"，兵书上是没有的，完全是他根据当时当地的情况制定的。

人类文明，特别体现在正规教育上，看重计划性，而忽略灵活性。一年之计在于春，一日之计在于晨，显然，这是农业社会的说法。现代社会变化快，计划往往跟不上变化。

最需要心型人的是广告、影视制作、咨询等行业。这些行业对心型人比较适合，却让脑型人比较痛苦。

大公司的行动一般比较结构化，因而适合脑型人。以耐克为例，每一项产品投放市场之前，都要经过系统的规划和产品测试。统计表明，新产品投放市场，70％都是失败的，然而，耐克的新产品成功率远远高于这个概率。

据说美国前总统约翰·肯尼迪要求手下人把自己一切活动都安排妥当，包括细节，他最讨厌不确定性。例如演讲，什么样的扩音设备、什么样的讲台，都要事先确定。也许对于暗杀他的人来说，这种严格的计划性有助于行刺成功。

最需要脑型人的是军队、银行、交通、航空、软件等行业。这些行业对结构化风格的人比较适合，却让心型人比较痛苦。

心和脑的心理学

图式是一个心理学概念，指的是一个人脑子里面天生的或者后天经验积累形成的认知结构。如前面提到，绝大多数有点生活经验的人，看见闪电，就知道要打雷，体育教育专家一看小孩子的样子，就知道他的某项运动潜力怎样。

任何人做判断，都不同程度地依赖数据和图式。例如，一个招聘经理，在面试一位候选人的时候，不断加工所观察到的信息：简历、外表、对问题的回答、表情、肢体语言。同时，不断动用大量头脑中已有的图式，最后得出一个初步的判断。信息，或者说数据，总是不足以形成完整的认知图画的，这时，残缺的部分就需要图式来补足。利用数据的信息加工过程心理学称作自下而上（bottom up）的过程，而利用图式形成认知图画的认知过程心理学称作自上而下（top down）过程。人们在做判断时，这两个过程不断进行着，只是大多是在人们不知不觉中自动进行的。

一个人在积累了丰富经验、形成大量图式的领域里，如果能够做到不受图式的影响，而搜集客观信息做出判断，是难能可贵的。一个人在自己不熟悉的领域里，如果能够迅速形成图式，就能做到举一反三。

心理学家皮亚杰提出关于图式的两个概念：同化（assimilation）和顺应（accommodation）。同化是用图式加工、理解新数据的过程。顺应是新数据无法被旧图式容纳而改造旧图式或建立新图式的过程。人类的认识能力就是在不断的同化和顺应中发展的。图式型的人，比较容易同化；数据型的人，比较容易顺应。

人们彼此之间的看法，有太多的图式可以利用，或者说有太多的图式干扰我们的判断。隐含人格理论，是心理学关于人们看待别人所用图式的研究成果。隐含人格理论，说的是人人都是心理学家，人人都对他人有一套一套的朴素理论，比如，有人认为眼白多的人奸诈，红脸的人忠诚，小个子的女人难相处等等。

偏见和洞察力，都跟图式型的人紧密相连。善用图式的人，容易有偏见，也容易形成洞察力。

数据型的人，严谨、客观，但容易就事论事，不敢做推论。美国盖洛普咨询公司的创始人乔治·盖洛普是一个对数据有无限渴望的人。他的博士论文题目是"确定报纸读者兴趣的客观方法"，他早期热衷的工作，是调查受众对广告的反应。盖洛普的名字让人们首先想到的是民意测验（The Gallup Poll），所有这些工作，都是全面客观地收集数据，以对某种现象做出准确判断。一个图式型的人，会对一个他认为好的广告信心百倍，而盖洛普不会，他会坚持要通过调查，看到数据后再说话。

但是，几乎所有伟大的理论家都是图式型的。以天文学家为例，最早提出日心说的人是希腊哲学家阿里斯塔克斯（Aristarchus），虽然阿里斯塔克斯也通过观测进行数据收集，但他当时所能收集到的数据毕竟是有限的。后来，波兰天文学家尼古拉·哥白尼看了阿里斯塔克斯的书，当即就相信日心说是正确的，那时，哥白尼还没有开始大量收集观测数据。可以说，真正有天赋的科学家，都是依据极少的数据迅速形成假设，然后建立理论，最后才大量收集证据证实或证伪自己的理论。

心脑决策

　　心型人的代表——炒股票的高手索罗斯，通常会很快地做决定，然后用很长时间去验证。他总结为"先投资，再决策"。以色列总理沙龙是一个有争议的人物，以色列人爱戴他，阿拉伯人痛恨他，但他果断的性格是没有争议的。体现沙龙果断的例了不胜枚举。一次，他偶然听到他的长官感叹没有敌人的俘虏，否则可以用来换回被俘的士兵。当天晚上他就冲进敌人阵地抓回几个俘虏，然后送到那位长官面前。他指挥打仗更是如闪电一般。在 2001 年当选以色列总理以后，动荡的政治局势足以让一般人举棋不定，然而，从沙龙回应重大挑战而做出重大决策的频率来看，他从未犹豫观望。

　　脑型人中的林彪打仗，决策极其慎重。据说，为了确定一场战役的打法，林彪会长时间面对墙上的地图观察和思考。林彪在决策之前，考虑十分周密，一旦想透了，就毫不犹豫。有人说，他对战场兵力的计算可以精确到一个营甚至一个连。他不打无把握之仗，每仗都留有余地。在进攻时他要计算到有全胜的把握，在此基础上还要留出退路。辽沈战役打锦州的时候，毛泽东发了数十封电报催促林彪行动，但林彪就是下不了决心。林彪的慎重跟毛泽东的果断形成鲜明对照。

决策的依据是信息。但是，信息从来都是不完整的。决策都是在不完整的信息的基础上做出的，所以，决策总是有风险的。决策需要时间，多一些时间考虑、多征求各方的意见，能够提高决策的质量。但是，决策都是在时间压力下进行的，时间一过，决策就无效了。即使在决策时间限度内，时间花到一定程度，再增加决策时间，对决策质量就没有帮助了。如果进一步再拖延下去，反而对决策质量有害。在决策质量相等的前提下，心型人，相对于脑型人，决策速度比较快。省下的是时间，失去的是余地。

心型人在竞争的市场经济中，他们容易做到先发制人。在政府机构、事业单位或者占据垄断地位的企业中，做计划十分重要，脑型人的优势明显。

拍脑袋的艺术

拍好脑袋，需要借助经验和理论的力量。巴菲特告诫投资者"要充分相信自己的直觉"。巴菲特忠实于自己的直觉，努力排除股市行情信息的干扰。有一点值得注意：巴菲特的直觉并不是空穴来风，而是源于他对所投资股票的企业的详细了解和研究。巴菲特选股看财务报表，但并不为庞杂的财务数据所干扰，而是最重视现金流量表。巴菲特选股看经营管理者，但并不被 CEO 们的鼓吹所动，而是关注三个个人品质：诚信、智力、精力。财务指标和领导人素质并不能被代入公式而计算出一家公司的投资价值，分析数据之后，巴菲特靠的还是直觉，即拍脑袋。这个 5 岁开始做生意、12 岁开始买股票、14 岁开始报税的脑袋，拍出来的效果非同凡响。

商学院教授的知识并非只能用于分析思维。其实好多概念和理论，如果学透了，可以让脑袋拍得更好。信贷建模（Credit modeling）的原理是综合考虑多种因素，用多元回归的统计方法计算出信贷风险，帮助银行做出放贷与不放贷的决策。这其实也是拍脑袋，只不过拍的是电脑而非人脑。专家与常人的不同之处在于，专家的大脑很像装了很多软件的电脑，优秀专家的大脑里，这些"软件"之间是兼容的，也就是融会贯通；而"砖家"的大脑里，软件虽多，但彼此打架。

拍脑袋需要利用头脑中的固有经验，心理学上称为"图式（schema）"，指的是一个人脑子里面天生的或后天经验积累形成的认知结构。

运用直觉的能力有可能跟性格有关。心理分析大师荣格（Carl G. Jung）以内倾—外倾的性格分类而闻名天下。除了内倾—外倾，荣格还有三种分类，其一就是感觉—直觉。荣格认为，商人通常属于外倾直觉型，我想到的是维珍航空创始人理查德·布兰森（Richard Branson）。而艺术家属于内倾直觉型，我想到的是约翰·列侬（John Lennon）。

据说女性的直觉很强。目前的心理学研究，不能证明直觉能力在男女之间有高下之分。有研究发现，在领会他人情绪的能力上，女人并不比男人强，只是女人更关注别人的情绪而已。当心理学家用金钱作为准确判断他人情绪的奖赏时，男人的善解人意就会赶上女人。

　　如果说直觉是一种本能，那么发展直觉最好的方法就是解放思想——挣脱逻辑思维的捆绑。作为个体，作为物种，我们进化，丧失本能是成熟的代价。所以，在直觉上，我们要向小孩子学习。讲个笑话。

　　福尔摩斯和华生露营，睡在帐篷里。半夜福尔摩斯醒来，叫醒华生。

　　"华生，你看到了什么？"福尔摩斯问。

　　"满天的星星。"华生回答。

　　"你对此有何感想？"

　　华生回答："从天文学来说，这意味着浩瀚的宇宙中有几百万个星系和亿万个星体；从占星术来说，土星目前是在狮子座；从天象学来说，现在大概是三点过一刻；从神学来说，我可以想象到人类的渺小和造物主的伟大；从气象学来说，明天应该是个好天气。"

　　福尔摩斯:"笨蛋!我们的帐篷被人偷了!"

　　福尔摩斯和助手华生之间的差别,不在逻辑,而在直觉。好的商业领导人超出平庸的商业领导人的地方,也在于此。

第五节　他们活在怎样的世界里？

内敛型与外露型

1924 年 6 月 3 日，在阳光明媚的布拉格，一位中年人的心情却无比阴郁。此刻，他正看着相识 20 年的挚友在病榻上奄奄一息。还有一个月，这位挚友就将迎来自己 41 岁的生日，可他却再也看不到明天的阳光了。

就在这个时候，这位让中年人敬重和热爱的挚友，宣布了一个让他大吃一惊的请求："请将我遗物里所有的文稿、书信，所有文字，悉数焚毁。"

这位挚友，虽然生前发表的文章寥寥，几乎默默无闻；但是阅读过其大量手稿后，中年人确信，这是文坛一颗真正的巨星。他的著作对这个时代的影响，甚至能跟但丁、托尔斯泰这样的名家媲美。而对方的这个要求，却让自己非常为难，这等于是将人类历史的瑰宝付之一炬。

于是，生平第一次，也是最后一次，他违背了挚友的意愿，将这些文稿偷偷保存下来，并整理出版。这些著作在后世引起了难以置信的反响，人们将作者奉为现代西方文学的一代宗师，与历史上最好的小说家们相提并论。

这个作家就是弗朗兹·卡夫卡。那个中年人，则是他最好也是唯一的朋友布罗德。

卡夫卡也许是那个时代最孤独的人之一。他虽然有心爱的恋人，却几乎只在想象中与其会面。他一生三次订婚三次毁约，源于他内心的恐惧，他无法想象和任何女人相处一室，甚至一起吃饭。他表达爱意的方法，就是通宵达旦地写作，将自己的心事在文字中以奇特的形式吐露。他一生写了许多小说、散文，可是，他却无意让世人看到它们。

这就是卡夫卡，一个活在自己的世界里的人。

但是，也有作家在这个绚烂的世界中尽情呼吸。例如厄内斯特·海明威，一代文学巨匠，他的人生堪称华丽的冒险乐章。他上过战场，做过记者；曾混迹赌场，常年航海；他曾经在东非展开冒险之旅，在赴德轰炸的飞机上差点丧命，也曾在巴黎和众多好友醉生梦死；与柏拉图式恋爱的卡夫卡不同，他结过四次婚，一生风流韵事不断。

对比卡夫卡和海明威，我们发现了两种截然不同的人生取向。卡夫卡总是待在书桌前，他热衷于幻想，体验自己孤独的内心世界。而海明威则四处走动，交游广阔，他总是乐于与他人分享，希望尽情地体验美好的世界。

这就是我们在这里要讨论的两种不同的倾向：内敛和外露。根据弗洛伊德的弟子、知名科学家荣格的说法，人的性格可以分为两极，有些人其能量来源集中在自身，或者其内心世界，这种人就是我们通常说的内向的人。而另一种人，他们的能量来自于外部世界，他们乐意与他人交往，喜欢表达自己的观点，这种人就是我们通常说的外向的人。

总的来看，内敛的人有如下特点：

◆　1. 内心世界丰富，注意力和兴趣集中在自己的情感和想象中；

◆　2. 从思想、内心活动中获取精力；

◆　3. 和他人特别是陌生人保持距离感，不愿意表达自己的真实想法；

◆　4. 喜欢阅读、创作、看电影等单独完成的活动；

◆　5. 给人以含蓄、沉稳的感觉；

◆　6. 往往比较敏感，容易感知到外部刺激，因而会规避与外界的过度交流，限制社交活动以免自己筋疲力尽。

外露的人有如下特点：

◆　1. 喜欢与外界接触，注意力和兴趣集中在外部世界上；

◆　2. 精力旺盛，且从大量外部活动中获取更多精力；

◆　3. 喜欢和他人包括陌生人进行大量的言语交流；

◆　4. 兴趣广泛，喜欢旅行、社交、冒险等活动；

◆　5. 给人以热情、外露、奔放的感觉；

◆　6. 热衷于向社会和外界展示自己，独处和沉思往往无法令他们兴奋。

对内向的人的误解

传统思维有一种误区，认为内向的人不适合做领导，其实这是一种误区。政界和商界名人中，不乏极端内敛的例子。例如，美国总统卡尔文·柯立芝就以内向寡言而闻名，他跟人说话常常不超过三个字。著名的商业领袖，前通用汽车总裁阿尔弗雷德·斯隆也以沉默寡言、待人冷淡著称，但这丝毫不影响他成为美国历史上最好的 CEO 之一。

关于内敛的人，人们还有这样一些认识误区：

◆ 1. 内敛 = 忧郁。其实抑郁倾向并不能和内敛画等号。许多内敛的人并不忧郁。抑郁是一种心理疾病，也可能会发生在外露的人身上。例如，海明威性格外露，晚年却因为抑郁而自杀。不过，的确有心理学研究表明，如果遇到不开心的事情，多向他人倾诉，会有效降低抑郁的可能。另外，多运动会降低抑郁症发病的可能。

◆ 2. 内敛的人做不好销售、公关等工作。其实，现实当中不乏众多内敛的人成为好销售的例子。人们在工作中的性格往往和其在生活中的性格不同。当工作需要内向者沟通，而他们也有足够的意愿把工作做好的话，他们就会主动沟通了。

◆ 3. 内敛者口才不好。注意内敛的人的特点是不喜欢沟通，不代表他们不善于沟通。事实上，有很多内敛的人，其口才都是相当惊人的。例如，著名作家萧伯纳性格非常害羞和内向。他去朋友家拜访时，甚至需要在门口徘徊良久，才按下门铃。但是，他却是著名的演讲大师。

如何判断你认识不久、不太了解的人是内敛还是外露呢？除了应用上述几个标准外，你还可以用以下这个小技巧：在公众场合（例如公共汽车上），一个外露的人遇到突然刹车往往会惊叫，而内敛的人往往不会叫出声，或声音很低，以免引起别人注意。如果你观察的对象脚被踩了一下后大声叫痛，那么毫无疑问他是一个比较外露的人。

★ 典型题目：

> 内敛：我喜欢安静。
>
> 外露：我喜欢热闹。

内敛和外露者的思维风格

内敛者追求深度。他们喜欢复杂的问题，热衷于在钻研某个特定领域的过程中获得快乐。如果他们去图书馆，往往会在某一本书上花费整个下午。外向者则截然不同，他们兴趣广泛，喜欢从许多渠道获取信息。如果他们去图书馆，也许只会花一点时间浏览群书，然后就到处走动，与他们熟悉或不熟悉的人交谈。总的来讲，外向者的兴趣太容易转移了，他们往往不容易在某个特定的活动上花费太长时间。

其实，内敛的人未必不喜欢打交道。我们会发现，有的时候内敛的人会在跟我们的交谈中表现得非常快乐。但是，他们在社交活动之后，往往会需要独处，以恢复交往活动给自己带来的精力损耗。他们对人际的刺激非常敏感，以至于他们无法在这个环境中待太久，即使这种环境是友善的，这种刺激是令人愉悦的。他们非常需要私人的空间。

总的来看，内向者往往更容易关注细节，也更容易敏锐地捕捉到他人的心情变化。他们虽然能在一项任务上投入很多精力和很长的时间，但是他们同时处理多个任务的能力往往很糟糕。而且，他们非常需要大段的时间以处理任务，对他们来说，在"碎片时间"处理任务是一件相当痛苦的事情。

对于外露的人来说，交朋友跟喝水一样自然。也许只有一面之缘，但是他们已经将对方纳入自己的朋友范围。对他们来说，细节往往不是那么重要，但是他们往往热衷于向他人展示自己的想法。外露的人往往反应很快，不需要思考，奇妙的回答便脱口而出。然而，他们之中很多都很难在一个问题上坚持很久，因为，他们的兴趣太容易转移了。

管理内敛和外露的员工

一些管理者将管理内敛的下属视为一种挑战。他们觉得和这种下属沟通比较困难，常常摸不清下属的真实想法。相比之下，外露的人具有直来直去的性格，因而比较容易沟通。

我们曾经向数百位管理者提出过这样一个问题："有的下属性格内向，如何了解他们的真实想法？"在我们收到的各种各样的答案中，以下几种答案比较有代表性：

◆　1. 在工作上和生活上多关心下属，取得他的信任，这样他就会告诉你他心里的想法；

◆　2. 平时多夸奖和鼓励他，提升他的自信心；

◆　3. 主动沟通，多找他谈话，追问他对工作的想法；

◆　4. 通过第三方（和他关系不错的同事）了解他的真实想法；

◆　5. 了解他的兴趣爱好，谈他感兴趣的话题，让他觉得和自己投缘。

以上这些方法都可能有效，也都可能无效，关键在于你的下属具体属于哪种类型的内敛。

在这里需要提醒一句：管理外露型的下属也存在风险。有些外露型的人心直口快，容易得罪周围的人，这些人会让上司比较头痛。因此，有必要包容他们的言行，并对他们适当地引导，让自然表露的员工明白自己哪些行为给别人带来困扰，让他们试着站在别人的立场上看待自己的行为，从而学会在适当的场合注意自己的言行。

大部分情况下，外露的人比内敛的人更快适应一个新的工作环境。

外露的下属在沟通上不存在太大问题。但正如前面提到的，一些外露且个性张扬的下属容易招致周围人反感。管理这样的下属，你要学会宽容，能够包容他们的言行。同时要做到恩威并重，既不能过分打压，也不能随意纵容，这样才能建立自己的威信。

与内敛或外露的上级相处

内敛和外露的上司，哪一种更受下属欢迎？这是一个仁者见仁、智者见智的问题。有人喜欢比较内敛的上级，因为他们说话比较委婉，在批评下属时往往能照顾到对方的感受；也有人比较喜欢外露的上司，因为他们有想法就会直接表达，不用费劲去猜他们心里想什么。

内敛的上级给下属的感觉是含蓄、沉稳。和内敛的上司相处其实并不轻松。你时常需要猜测上级对自己的真实看法。有一名员工这么描述自己对上司心理的揣摩："如果上班遇到老板，他微笑着问候我，并跟我闲聊几句，那么我就知道一切OK，老板对我挺满意。如果不幸他只是面无表情地点点头，那我就知道，最近我肯定哪里做得有问题。"这种猜测对于外露的上级显然是不必要的。

内敛的上级并不一定偏好内敛的下属。有时候，率直的下属也会讨他们喜欢。但与内敛的上级相处，一定要避免说过分的话，要注意考虑对方的感受。

大部分情况下，和外露的上级相处并不是一件困难的事，因为你可以很容易知道他对你的看法。当然会有例外，至少有两类外露的上级不容易相处。第一类是个人喜好强烈、不宽容的上级，如果你不为他所欣赏，你可能会受到他直接的批评和伤害。第二类是情绪化的上级。和他共事就仿佛坐过山车一般，时而被捧到天上，时而被摔在地上。

通常情况下，外露的上级似乎更喜欢外露的下属。他们希望下属说话直接，不喜欢他们拐弯抹角。和外露的上级相处，要注意理性、冷静地对待他们的赞扬与批评。

第六节　为什么总是"一切以我为主"

主导型和随和型

这个繁荣的时代，在普世价值观越来越深入人心的今天，仍然一直有一些挥之不去的阴影，那些令大众唾弃却又无处不在的丑恶现象。其中，"家庭暴力"无疑就是其中之一。到了 21 世纪的今天，仍然有许多妇女和儿童作为传统意义上的弱势群体，饱受家庭暴力之苦。

然而，在另外一些婚姻中，受家庭暴力侵害的一方却是丈夫。这有点反常，却还不足以令人吃惊，毕竟体格和凶悍程度超过丈夫的女性也是存在的。但有那么一段婚姻，其家庭暴力的奇特程度可以说是独一无二，因为经常挨打的这位丈夫，曾经是最有权威的人之一——美国总统。

说到这里，读者也许已经猜到这一节的主角，没错，希拉里·克林顿，那个经常把美国总统打得鼻青脸肿的女人，也是曾经最接近成为美国总统的女性。

希拉里的个性之强众人皆知。她从来都不认同传统男尊女卑的思想。在跟比尔·克林顿结婚后，她仍然坚持用自己娘家的姓，自称为希拉里·罗德姆，这在保守思想占主流的阿肯色州简直是离经叛道。她是美国知名律师事务所的第一位女员工，现在女律师比比皆是，但在20世纪70年代的美国实属罕见。她经常在丈夫身上用拳头猛砸，用烟灰缸和书砸向美国总统。

有一次，克林顿接见了自己的偶像芭芭拉·史翠珊，第二天，人们就在他脸上见到了希拉里的杰作——几道抓痕。莱温斯基丑闻爆出后，据说希拉里狠狠地用脚踹向克林顿。虽然伤痕累累，但是出于政治等原因，克林顿从来不敢还手，也不敢向警方求助。

其实暴力并非本文要探讨的主题。希拉里也并非具备很高的暴力倾向，但是对丈夫暴力相向，在某种意义上代表了对权力的争夺，以及对传统男尊女卑思想的挑战。根据多方面的分析，希拉里属于典型的主导风格。圣约翰大学的人格心理学家们将她的个性描述为"野心勃勃、极度自信、独断、有很强的支配欲"。有许多证据表明，希拉里喜欢"拥有支配别人的权力和让别人服从、敬畏"。根据一些记者和人物传记作家的描述，在公共场合希拉里常常让人感到不快，因为她"说话非常直接，不留余地，而且根本不关心别人说什么"；"希拉里经常表现出不耐烦，而且她的幽默常常被用于挖苦和讽刺人"。

对于希拉里的个性，一位名叫詹姆斯·卡维尔（James Carville）的传记作家的描述可谓一针见血："希拉里不会故意撞你的车取乐，但她也不会为了避免撞到你的保险杠而让自己的车子冲到沟里。如果你恰好挡了她的道，阻碍她做她想做的事，那你很快会被她碾过。"

这就是主导型的风格，具备很强主导风格的人，无论在哪里都是发号施令、拿主意的角色。他们不喜欢别人对自己指手画脚，讨厌不受尊重。他们希望一切以我为主，永远处在权力的中心。

与主导型相反的一种风格是随和型。他们乐于合作，性情温和，不介意支持和配合他人。中国人的骄傲，著名篮球运动员姚明就是一个非常随和的人。姚明从不对教练的战术安排提出异议，也不像其他一些球星那样在公开场合评论教练的排兵布阵。尽管在队中有一定的地位，但他从不在场内外对队友发号施令。他还不止一次地对媒体表示：如果教练要求，自己愿意服从安排做一名"蓝领"球员，即使这么做会牺牲自己个人的比赛数据。

这就是我们谈到的两种截然不同的个性倾向：主导与随和。主导型的人在工作中，喜欢在与人交往或合作时占据更重要的位置，喜好权力，努力使别人按照自己的意愿行事，追求自由，不愿被人指手画脚。

随和型的人不喜欢在交往或合作中占据主导，不会主动影响别人的行为；很少表现出攻击性和咄咄逼人的姿态；当行动受到束缚时不会感到反感。

在工作中，随和的人容易给周围的人留下好印象。他们愿意听从别人的指示，表现得非常合作，乐于助人，很少主动告诉别人该做什么。与此相反的是，主导的人会表现出较强的控制欲。他们不愿意他人干涉自己的决定，希望他人按照自己预想的路线工作。很多著名的政治人物都表现出主导的风格特征。

如何在工作中判断某人属于随和还是主导？你可以从以下他（她）几个方面的行为细节判断：

◆　1. 当要你帮忙做某件事时，他通常采用什么样的态度？

（1）请求的口吻。

（2）命令的语气。

◆　2. 当要求被拒绝时，他会表现出：

（1）无所谓或些许不悦。

（2）愤怒。

◆ 3. 当对别人感到不满时，他通常会：

（1）委婉地告诉对方，或根本不说。

（2）直截了当地告诉对方，即使这会引起对方不快。

◆ 4. 当别人的行为达不到此人的期望时，他通常会：

（1）有耐心。

（2）不耐烦。

◆ 5. 如果上级对团队要求和他想的不一样，他会：

（1）毫无问题，服从命令。

（2）感到难受，并试图影响上级。

对于上述问题，倾向于表现出（1）行为的人属于随和风格，倾向于表现（2）行为的人则属于主导风格。

★ 典型题目：

> 主导：跟同事吃饭，去哪里，我拿主意。
>
> 随和：跟同事吃饭，去哪里，别人拿主意。

主导型风格的特点

主导的工作风格意味着具有较强的影响别人和控制工作进程的愿望。对于主导的人而言，最不能容忍的是工作进程出乎自己的意料，或完全不受自己的控制。

不要把"主导"理解为攻击性强和好斗。主导的人希望别人按照自己的意愿做事，因而有时他们会对周围的人发号施令，但并不意味着他们会主动攻击或伤害别人。因此主导的员工并不像有些人认为的那样，一定会对团队产生破坏作用。

主导风格的员工给人以积极进取、好胜心强的印象。他们关注周围同事的工作表现，并试图在各个方面超过他们。

他们不容易消沉，总是斗志昂扬，不肯服输。

在一个团队中，主导的员工有时能起到一个"小管理者"的作用，他们"爱管闲事"，重视团队行为准则，不允许准则被随意破坏。

主导的员工有时会让周围的同事感到不快，但这种情况很多时候是有利的，尤其当公司的发展需要员工受到约束的时候。

随和型风格的特点

随和的工作风格，本质上意味着缺乏控制他人行为的欲望，同时他本人也愿意顺从他人的意志。

随和的员工有如下优点：服从领导的工作安排，不愿意与他人起冲突，而且总是显得乐于助人。这样的员工往往受到所有人的欢迎。

随和员工的缺点：过于宽容，对他人要求不严，很少指出同事和管理者的错误，在看到对公司有害的行为时可能会采取姑息的态度。

随和员工给人以识大体、团队精神强的印象。他们总是把团队的胜利看得比个人表现更重要，他们会努力配合团队的工作，有时甚至会为了实现团队目标而牺牲个人的表现机会。

当管理者收集员工对一项决策的意见时，随和的员工通常都会表示赞同，或者不发表意见，尽管他们事实上持反对意见。

表面上看，随和的员工很容易被说服，但事实上，他们往往会在发表意见时言不由衷。这是因为他们不愿意和他人发生冲突。

随和型的人往往性格也更加自然随性一些，他们对很多事情没有太多要求和规矩，希望活得随意简单。

如何管理主导型员工？

你的团队有没有出现过做事散漫、无组织无纪律的现象？仔细想想，这是否和你的团队中没有主导的员工，或主导的员工没起到应有的作用有关？

当一个主导的员工充分理解自己的角色和任务时，他们能在团队中起到重要的作用。这时，他们变得不仅"自律"，而且"律他"。主导的员工能使一个团队变得更上进、更有纪律。

管理主导型的员工需要管理者具备耐心和宽容。对他们提出要求时往往会遇到抗拒，让他们接受任务显得不太容易。这并不表示他们不合作或不听话。

管理者需要让他们充分认识到任务的意义和重要性。

当一个团队中拥有多个主导的员工时，团队内部容易起冲突。这时管理者需要起到调节矛盾的作用，更重要的一点是，管理者需要坚持原则，赏罚分明，保持自己的权威。

管理主导风格的员工有4条原则。

第1条原则：夸奖和批评都要适度。夸奖过多过重，容易导致员工自我膨胀，一旦其他同事表现比他们好，他们将会感到心理失衡。过多地批评则容易增强员工的抵触情绪，认为上级对自己有看法，最终他们将拒绝来自管理者的一切评价。

第2条原则：设定和维护公平的竞争规则。对于主导风格的员工而言，最难以忍受的就是在一个不公平的环境中竞争，尤其是当规则有利于自己的同事时。因此，管理者想激发主导风格的员工的积极性，他就必须设定清晰、公平的竞争规则。一旦规则确定后，他必须不断沟通和坚持执行，并在必要的时候将规则补充完善。

第3条原则：公平不等于平均。这是管理者一定要注意的。考虑到员工在能力、态度等方面的差异，管理者完全可以将更多资源、权力分配给更有竞争力的员工。这样才能给企业带来更大的利益。好钢用在刀刃上，这本身体现了竞争的公平性。

第4条原则：塑造正确的团队行为。管理者必须创造一个良性的团队环境。换句话说，管理者需要努力避免员工过分主导，对团队产生危害作用。对主导的员工，要警告他们不能用错误的手段竞争，也不能随意对同事颐指气使。要做到这一点，管理者应当充分地沟通衡量员工表现的标准，以及奖励正确的协作行为。

如何管理随和型员工?

很多管理者认为随和的员工容易管理，因为他们很听话。这种观点要分两方面来看。首先，比起主导的员工来说，随和的员工更容易接受上级的任命。这对管理者来说比较有利。但另一方面，随和的员工很少主动影响管理者的决策，这一点事实上是不利的。尤其当员工掌握了管理者所不了解的信息，或员工在某一专业领域比管理者更擅长的时候。

管理随和的员工，要注意鼓励他们多发表自己的意见。有时管理者可以采取请教的态度了解员工的想法。

我们把管理行为中的一项称为"行为塑造"，即管理者通过奖惩的方式影响和改变下属的行为。一个过于随和的领导往往缺乏行为塑造的意愿。

第1条原则：不要低估随和的员工对团队的贡献。随和的员工对团队的贡献容易被忽略。管理者在思考每个员工的作用时，不妨问自己一个问题："如果没有他（她），我们最终还能否取得这样的成果？"

第2条原则：沟通任务对团队成功的意义。对于随和的员工而言，如果让他们明白自己的工作对团队的价值，一定会使他们更有动力干活。因此，管理者在布置任务时，尽可能告诉员工他的工作有怎样的意义。

第3条原则：反对"过度合作"。团队合作同样有限度。管理者需要避免一个团队过分地讲究合作。合作过度的例子如，一个简单的任务却需要几个人一起做；团队犯了错误却没有人承担责任（或所有人一起承担责任）；员工缺乏独立工作的意愿和能力等等。在遇到这些情况时，管理者应该适当地强调每个人承担各自的职责，并鼓励随和的员工主动决策和勇于担当。

第七节 "将在外"的正确做法

独立型与求助型的特点

1914 年 7 月，英国海军大楼突然陷入高度紧张的气氛。奥地利政府向塞尔维亚发出最后通牒，随即欧洲战事一触即发。就在英国皇家海军遭受德国海军严重威胁，各种加急电报涌入的时候，丘吉尔此时却和家人度假去了。

此时留守的，是巴登宝亲王老路易斯·蒙巴顿。巧合的是，他原来是德国王室成员，后放弃德国国籍，参加英国皇家海军，曾任海军参谋长兼第一海务大臣，成为当时英国皇家海军的最高领袖。

在这种严峻的形势下，蒙巴顿面临两难选择：如果命令皇家第 1 舰队、第 2 舰队驶出基地，处于戒备状态，这一行动极可能引起德国的升级反应，导致英德立即开战的严重后果；然而不下此命令，德国海军随时都会发动突然袭击将皇家主要舰队歼灭于基地之内。老蒙巴顿深知皇家海军关系英国生死存亡的重要性，他决定命令第 1 舰队、第 2 舰队出海，即使这一命令可能带来严重后果，甚至使他失去第一海务大臣的职位。

事实证明，老蒙巴顿这一命令是正确的、及时的。如果他等丘吉尔回来再实施备战，德国人很可能会对英国发动突袭，一战的历史也可能会被改写。随后，蒙巴顿率领英国海军，曾在一战初期创造了不损失一人一马，将 8 万余名士兵和 3 万马匹运过英吉利海峡的奇迹。

有意思的是，他的儿子，路易斯·蒙巴顿（Louis Mountbatten）子承父业，成为二战时期英军的著名将领。

但是，说将在外，君命有所不受是普遍真理，也不尽然。相反的例子发生在中国。雍正后期，清政府连续六年在西北用兵，讨伐叛乱的准噶尔部首领，当时任统帅的名将岳钟琪常就何时进军如何用兵等问题请示皇上。雍正告诉岳钟祺，自己在千里之外，无法知道具体情况，不可能给他下命令，让岳钟琪自己酌情决定。即便如此，岳钟琪仍然谨慎行事，遇到重大问题，只要条件允许，都注意请示皇上。

1729 年 3 月，雍正借口准噶尔汗国领袖噶尔丹拒绝交出意图谋反的青海少数民族首领罗卜藏丹津，命岳钟琪出兵攻打准噶尔。同年 10 月，准噶尔特使在噶尔丹示意下面见岳钟琪，声称噶尔丹愿意交还罗卜藏丹津。岳钟琪思量再三，不敢擅作决定，于是暂停进军，将特使送去北京，并将情况报于雍正。结果，雍正根据这一信息调整战略，改为逼迫噶尔丹称臣，接受清朝的一系列条件和要求。

岳钟琪一生征战南北，为清初建立多民族统一的国家立下了赫赫战功。他"沉毅多智略，御士卒严，而与同甘苦，人乐为用"，被乾隆皇帝称为"三朝武臣巨擘"。

蒙巴顿和岳钟琪，代表了两种截然不同的风格取向。前者自主决策，我们称之为独立型。后者不吝请示，我们称之为求助型。

独立型的特点是，工作中遇到困难或拿不定主意的时候，倾向于自己解决，不轻易向上级求助。而求助型的人则经常在工作中主动征询上级的意见，遇到困难时不会坐等，会主动寻求上级帮助。

如何在工作中判断某人属于求助还是独立风格？你可以从他（她）在以下几个方面的行为细节判断：

- ◆ 1. 在完成任务的过程中，他是否经常征求上级的意见？
- ◆ 2. 在遇到重大问题时，他是否主动请示上级该如何处理？
- ◆ 3. 在工作中遇到困难时，他是否经常求助？
- ◆ 4. 如果他对上级的意图不很清楚，他是否会主动向上级提问和澄清？

对于上述问题，如果多数倾向于回答"是"，那么此人属于求助型的工作风格，反之则属于独立型的工作风格。

★ 典型题目：

> 独立：他轻易不麻烦我。
>
> 求助：他会随时澄清我的意图。

独立型员工的特点

一个员工在工作中表现得非常独立，可能是因为他非常自信，敢于做决策；也可能是因为他比较敏感，怕打扰上级，担心求助引起上级不快。

独立的员工优点是依赖性不强，由于很少向领导求助，因此他们得到锻炼的机会要比求助的员工多，成长的机会往往要比求助型的员工多一些。

独立的员工要注意避免凡事都自作主张。对于超出自己能力范围的任务或重大的问题，要及时向上级汇报。这不仅有利于把事情做好，同时也规避了风险。

独立型的员工往往喜欢自己摸索工作的解决方法。他们一般不轻易麻烦他人，但有时候，这种风格的产生原因是过于自信或低估了风险。

在工作中，求助是非常重要的。如果你的员工很少求助，他就会比其他同事承担更多风险。

至少在以下几类情况中，需要明确告诉你的员工避免过于独立，要注意向上求助：

◆　他对任务目标或你的意图还不清楚；

◆　出现的问题超出他的权力范围，需要领导出面协调；

◆　需要做重大的、涉及更高层面的决策；

◆　出现不属于他职责范围的问题；

◆　出现的问题属于自己不熟悉的领域。

同时需要明确告知以下几类情况他们应避免向上级求助：

◆　出现的问题非常细琐且对结果影响不大；

◆　出现的问题可以请其他同事帮忙解决（需经领导同意）；

◆ 没有超出自己的职责和权力范围，应当自己做决策。

求助型的特点：

很多企业都讲究团队合作，不提倡单兵作战。求助也是团队合作方式的一种。知道什么时候借助他人的力量，什么时候自己独立完成任务，这本身也是一种能力。

日本著名企业家松下幸之助强调员工要多求助。他曾写道："以为自己的想法和判断是至高无上的，会使公司蒙受不利。尤其职位高者，更要经常请示上司，考虑周全，认真做事才好……越是受到上司深厚的信赖，为了回报，越是应当拿自己的判断去请示上司。"

很多员工在工作中不愿意求助，原因是他们不愿意经常麻烦上级。另外，有些员工觉得经常求助会让上级觉得自己能力弱。然而，实际上情况往往并非如此。很多领导宁可他们被频繁地打扰，也不愿意下属最终把事情办砸。

雍正拜岳钟琪为三军统帅，何时进兵、兵力分配等等都属于具体的战术问题，更何况对于打仗，岳钟琪是内行，雍正是外行，在这种情况下岳钟琪应该自己判断。而准噶尔使臣到访清军大营，是关系到战与不战的战略问题，在这种情况下岳钟琪当然应该请示雍正。

员工需要明确自己在任务中的角色，从而判断自己该不该向上级求助。这样就可以避免频繁求助，又可以保证任务质量。

可以向员工分享的一些求助技巧：

◆ 言简意赅，突出重点（领导都很忙）；

◆ 如果时间允许，先深思熟虑后再求助（让领导觉得你认真思考过）；

◆ 多让领导做"选择题"，少让领导做"开放题"（尽量做到自己先想好解决问题的几种方法，再征询领导的意见，这样可以提高决策效率和质量）。

如何管理两类员工？

独立的员工喜欢放手型的领导，求助的员工偏好指导型的上级。

对于求助的员工，管理者要注意多指导，帮助他们提高自己的决策能力、工作技能和问题解决能力。

管理者要帮助求助型的员工树立信心。多发现其优点，鼓励其承担更大的责任。

在回答对方问题时，有的时候不妨留一手，让员工自己思考解决方案，而不要一下子把所有答案都给对方。

对于独立的员工，管理者要注意多了解他们的工作情况。确保他们正确理解工作目标，平时多过问他们的工作，并给予他们必要的帮助。特别对于其能力无法完全胜任的工作，需要在过程中定期询问和讨论。不要因为顾及员工的自尊心而放弃询问，这可能会带来"灾难"。

第八节　言官还是侍卫?

言官与侍卫

在漫漫的中国历史长河中，"君君臣臣父父子子"一直是古代封建社会的主流思想。然而，这并不意味着在早朝上永远都是皇帝一言堂。历朝历代都涌现出不少敢于跟皇帝唱反调的大臣。其中最有名的，当属唐代的魏征。魏征为人正直，一旦看到唐太宗有不对的地方就当面力争。凡是他认为正确的事情，他不但敢于直言，而且坚持到底，有时甚至让唐太宗下不了台。即使李世民大发雷霆，魏征也面不改色，毫不退缩。他前后共向唐太宗进谏了200多件事，大多数都得到了采纳，对贞观前期的政治起了重要影响。魏征死后，李世民非常痛心，感慨地说道："以铜为镜，可以正衣冠；以史为镜，可以知兴替；以人为镜，可以明得失。"

对于魏征这样敢于直言谏净的官员，有一个共同的称谓："言官"。在中国古代的封建社会，"言官"是一种官僚制度，代表了一群对皇帝监督和谏言的官员。这群官员刚正不阿，敢于对君主的错误直言不讳，甚至面对杀头的风险也不改"毒舌"本色。

宋徽宗的时候，大臣陈禾向皇帝进言，宋徽宗听得不耐烦，站起来要走，陈禾跑上去拉住皇帝的衣服，说："请听臣讲完。"皇帝不听，硬是要走。陈禾非要他听，硬是拉住不放，结果皇帝的衣服被撕破了。徽宗气得大骂："你看，把我衣服弄破了！"陈禾说："你为了不听我的话，不在乎衣服；我为了使你听我的话，也不在乎脑袋！"

到了明朝，"言官"制度堪称达到了巅峰状态。当时的言官大都由都察院御史担任。据说明朝万历皇帝在宫中唱歌作乐，听到巡查御史的呼喝声，吓得马上停了下来。为什么呢？他说："我怕御史。"而到了清朝，更是定下来不许杀言官的祖制。

当然，言官并非人人能当，也不是人人都能让皇帝畏惧的。正如宋代司马光所言："凡择言官，当以三事为先：第一不爱富贵，次则重惜名节，次则晓知治体。"对言官要求之高，可见一斑。

与言官相对，有另外一类官员，则是对皇帝言听计从，且从不进言，他们的职责就是保护皇帝，以及执行皇帝的命令。这类官员就是侍卫。在大家的印象中，侍卫都是官衔较低的护卫。其实不然，侍卫拥有非常尊贵的身份，很多地位崇高的大臣都是侍卫出身。以清朝为例，明珠、索尼、索额图以及大名鼎鼎的和珅，都做过御前侍卫。这在当时绝对是光宗耀祖的事情。

但无论御前侍卫多么尊贵，他们都不会公开反对皇帝的意思，也不会公开提出不同的意见，这与言官有本质的不同。以乾隆的两位下属为例，钱峰就是一位言官，在电视剧《乾隆王朝》中，我们看到钱峰多次冒死相谏，有一次甚至因为乾隆不听他的，一头向大树上撞去。而和珅则相反，每次都对乾隆唯命是从，即使遇到再多困难也是暗中通过一些手段达成乾隆制定的目标。

言官和侍卫就代表了我们这里要讨论的两种风格：参与和待命。参与型的下属，就像言官一样，总希望跟领导提意见，能够积极参与决策过程，把自己的想法向上级提出，渴望承担更多的责任，当遇到跟领导意见不一致时，能够据理力争。

而待命型的下属，在工作中关注做好自己的本分工作，不会主动地参与决策，也不会主动承担其他的工作。当和上级意见不一致的时候，往往选择妥协退让。

参与和待命都是比较常见的员工行为风格。这两种风格各有长短。参与风格的员工工作积极，经常向上级提意见，敢于承担责任。但如果员工工作能力不强，这种参与型的风格反而会影响其做好本职工作。待命的员工通常给人的印象是勤勉敬业、恪守本分，而缺点是可能和上级沟通不足，有时不能及时传递信息。

如何在工作中判断某人属于参与还是待命风格？你可以从他（她）在以下几个方面的行为细节判断：

◆ 1. 在上级布置任务时，他是否常常自告奋勇？

◆ 2. 他是否经常向上级提管理上的建议？

◆ 3. 他是否敢于向领导表达不同的意见？

◆ 4. 他是否主动承担本职工作以外的任务？

◆ 5. 他是否关心公司的整体发展？他是否主动了解其他部门的状况？

对于上述问题，如果多数倾向于回答"是"，那么此人属于参与型的工作风格，反之则属于待命型的工作风格。

★ 典型题目：

> 参与风格：他经常给我提建议。
>
> 待命风格：在我面前他从不多嘴。

参与型风格：如何当好言官？

大多数情况下，参与和待命风格都不是一成不变的。徐庶在刘备手下进谋献策，进了曹营却一言不发。陈布雷早年意气风发，文笔犀利，在担任蒋介石秘书后却成了沉默的御用文人。他们工作风格受到工作环境和上级的影响而发生转变。

像魏征那样，非常直截了当地指出领导的错误，这种方式只有唐太宗那样胸怀宽广的君主才能接受；如果能委婉地提出反对意见，那么很多领导都能够接受。

如果你顾及了领导的感受，委婉地提出反对意见，他仍然感到生气，那很遗憾，你遇到的可能是极端独断的上司，这种情况下，另谋高就是最佳选择。

据理力争本身事件好事，但也要把握一个"度"。对于领导的决定有不同的意见可以劝，一次不行动第二次，第二次不行动第三次，第三次还不行怎么办？这时你需要判断，如果领导的决定虽然不合理，但不违背职业道德和相关规定，我的建议是你去执行，并保留自己的意见。如果领导的决定违背了相关规定和道德准则，那建议你在劝说无效的情况下拒不执行，并寻找相关部门或更高领导反映情况。

部分参与型员工身上常见的误区：

眼高手低：本职工作没有做好，却常常忙于向领导提建议。

欠缺大局观：不能从管理的角度思考问题，提出的建议从员工的角度看是合理的，从企业发展的角度来看却是不利的。

坚持先于服从：当建议不被采纳时，坚持自己的观点，并拒绝服从领导的指令。

心态不成熟：建议被采纳时沾沾自喜，自认高其他同事一筹；建议被否决时疑神疑鬼，认为领导故意和自己作对。

你可以给参与型员工的建议：

◆ 1. 分清主次。把做好本职工作看得比提建议更重要。

◆ 2. 提炼要点。领导不愿意听长篇大论。在提建议之前，先想想如何概括自己的建议，力求言简意赅。

◆ 3. 换位思考。站在领导的角度思考自己的建议，并试着回答以下问题：该建议是否真的有价值？是否符合企业和部门的发展战略？需要调动多少资源？

◆ 4. 开放心态。建议不被采纳是很平常的事。以平和的心态对待上级的反馈。如果建议不被领导采纳，虚心了解原因，认真思考，争取以后提出更好的建议。

待命型风格：侍卫不简单

待命的员工给人的印象是勤勉本分，不张扬。他们通常专注于本职工作，不好高骛远，不爱出风头，偶尔会显得积极性不足，对本职工作以外的事情不够关心。

待命风格的员工与参与风格的员工一样，渴望得到上级的赏识。和参与风格员工的区别在于，他们更在乎上司对自己本职工作的赞赏。

让步的员工通常把领导的权威性看得比较高。在他们看来，员工可以给上级提意见，但最终的决定权在于上级。因此，当和上级有不同的观点时，他们会服从命令，避免和领导争论。

在大多数情况下，待命型员工有利于上下级之间维持和谐的关系，领导不会因为员工当面直言自己的错误而感到难堪。

从组织角度看，待命风格的员工另一个优点是能保证团队的决策效率。管理者不用花太多时间和精力在说服员工接受自己的决定上，这无疑对强调快速决策的企业是有利的。

待命也要注意"度"。在一些重要的问题上，员工不能轻易"待命"。要记住，管理者和员工并不存在地位上的差异，管理人员也会犯错，在这种情况下，员工有责任指出管理者决策中不当的地方。

在中国人传统的观念中，忍让无疑一种美德。然而，现代企业追求的是商业利益。一个企业中，所有人的共同目标都是为了让企业生存和发展。因此，对错误的决定忍让，实际上是对企业不负责任的表现。

部分待命型员工身上常见的误区：

◆ 1. 该出手时不出手：认为凡是岗位职责外的任务都不是自己该做的。拒绝做一些"分外"的事，例如帮助其他同事，接受领导临时指派的任务等等。

◆ 2. 将给领导提建议视为一种负担：讨厌在开会上发言，认为决策都是领导的事情，和自己无关，以至于工作中出现问题时，不能及时向上级反映。

◆ 3. 不关心本职工作以外的事情：埋头做事，完全不关心部门、公司、行业的发展情况。

一些观点，供待命型员工参考：

◆ 1. "是否有利"比"是否分内"更重要。现代组织，员工的职责越来越不固定。一个员工在不同情况下常常要扮演几个角色。在这种情况下，不应该过多计较一件事情是不是自己的分内工作，而应该考虑：这件事情对公司的发展是否有利？自己手头是否还有更重要的工作？是否有别的同事比自己更适合做这项工作，而且那个同事手头没有更重要的事？

◆ 2. 有时候，提建议是本职工作的一部分。有些信息是必须要反映给上级的，否则会影响自己的本职工作，甚至给自己和公司带来严重的后果。例如，一个售货员发现自己销售的产品有严重的质量问题，那么毫无疑问他应当立刻向上级反映。如果因为他没有及时报告而发生客户大规模投诉甚至更严重的问题，其损失是难以估量的。

◆ 3. 关心企业发展有助于做好本职工作。多了解企业和行业的状况，了解企业的价值观和发展战略，对员工做好任何工作都是有利的。

刚柔并济，用人有道

比干让纣王难堪，魏征让唐太宗难堪，其程度差不多；但两位君主对待谏臣的态度截然不同，结果商亡而唐盛。这说明，勇于跟皇帝据理力争的大臣是一个国家的财富。同样，对于现代企业而言，勇于跟领导据理力争的员工是企业的财富。

管理咨询顾问罗伯特·迪尔斯（Robert Dilts）和安妮·迪林（Anne Deering）等人曾合著了一篇名为《领导力膜拜与文化》（*Leadership Cults and Cultures*）的文章中，比较了健康的领导力文化与个人崇拜的、近乎邪教式的企业文化。作者提到后一种文化的一个重要特点是：管理层与真实的市场情况隔绝，没有人将不好的信息向上传达，也没有人敢于对企业的决策提出异议。其原因在于企业文化鼓励的是待命型而非争取型的员工。

参与型员工希望得到上级的聆听和重视。对于他们而言，上级采纳他们的建议是非常有效的激励。

参与型的员工大都具有工作积极性和较强的向上发展动机。他们关心公司的发展，主动思考如何改进工作和管理。他们渴望提高自己的影响力，希望自己得到上级赏识。

参与型的员工对任何企业都是必要的。设想一个组织由于文化和管理方面的原因，绝大部分员工都不愿意提建议，其结果会如何？

如果你的企业中都是待命型员工，你经常苦恼于员工主动性、积极性不够的话，你需要反思下：是否你的风格太强势了？是否因为你实际上并不喜欢"言官"，而是更喜欢"侍卫"？

　　管理待命型的员工，要多鼓励，多给他们信心；平时多征求他们的意见，对他们表达让他们承担更多职责的期望，也许，你可以从他们那里收获惊喜。

　　对于管理者而言，管理员工要注意"容纳"他们，但不能"纵容"他们。容纳，意味着心态要开放，能够包容他们据理力争的个性，汲取他们观点中有价值的部分；不纵容，意味着对于有些单纯喜欢跟上级唱反调，有时无理也要争辩的员工要中肯地批评。

第九节　一开始就识别出"问题员工"

他们究竟有什么问题

杨彬彬 12 岁丧母，20 岁丧父，18 岁因伤人坐牢 3 年。他投毒的对象最初是跟他有纠葛的岳父和妻弟。值得一提的是，他把妻弟毒倒以后，再次对住院治疗的妻弟投毒，终于将妻弟毒死，不但毫无怜悯之心，而且产生了快感和成就感。后来，他为了工作上的成就感，相继对技术比他好的同事们下毒，最后，技术好的人都不能干活了，技术一般的杨彬彬就成了技术骨干。这种为了自己的小利而损害他人健康乃至生命的做法，反映出他基本上没有内化社会公认的道德伦理，属于典型的反社会人格。

以上例子来自《长沙晚报》，讲的是一个反社会人格的人为报复和职业发展而投毒杀害亲属和同事的事例。湖南省锡矿山矿务局建安六队矿工杨彬彬，为当技术骨干，将技术好的矿工相继毒倒，3 年来，他投毒 7 起，导致 8 人中毒，其中 2 人死亡，3 人丧失劳动能力。

良心被狗吃了的人，心理学上称为反社会人格，这些人在正常的外表下隐藏着不正常的敌意，由于社会化过程失败，没有内化道德规范形成良知，或者没有形成控制愤怒和攻击性的能力，因而会做出伤害周围人的事情。

美国精神病学会2000年出版的《精神异常诊断及统计手册》第四版（DSM—IV, *Diagnostic and Statistical Manual of Mental Disorders, Fourth Edition*）的统计是，男性中的3%，女性中的1%存在反社会人格障碍。

在工作中，判断身边的人是否就是那3%或1%，可以参考最近修订过的第四版DSM对反社会人格障碍的诊断标准。

在15岁以后，经常漠视或侵犯他人权益，至少出现三种以下行为：

◆ 1. 不断违背社会规范或法规；

◆ 2. 欺骗，经常为了牟利或取乐而撒谎、用假名，或诈骗他人；

◆ 3. 冲动，做事不预先计划；

◆ 4. 容易生气，经常打架或吵架；

◆ 5. 做事不计后果，忽视自己和别人的安全；

◆ 6. 缺乏责任感，做事有头无尾或欠债不还；

◆ 7. 缺乏同情心，对别人所受伤害、虐待，或钱财损失无动于衷或认为活该。

在使用以上标准判断一个人是否反社会的时候，注意以下三点：

◆ 至少周岁18岁；

◆ 15岁前有问题行为出现；

◆ 反社会行为不仅限于在分裂或躁狂病程中出现。

反社会高管

不光普通员工里面难免会有反社会人格存在，高层管理人员之中，反社会人格的比例也不低。高管犯罪，人们早已司空见惯。以下文字改编自 2004 年 1 月 25 日《温哥华太阳报》关于公司里面的心理变态的一篇文章。

"反社会人格的人有能力装扮成理想的领袖，他们能够表现出企业需要的品质"，纽约心理学家巴比克如此说。他估计，大约一百个同事中，有一到两个是反社会人格。他告诉人们："反社会人格的人给人留下良好的印象，他们衣冠楚楚、富有魅力，完全像一个优秀领导人。但是面具背后隐藏着他们的狡诈和蛮横。他们侵吞公司资产，危害股东权益。"

研究反社会人格 35 年之久的加拿大心理学家海尔认为，对企业领导人进行反社会人格检验，可以在一定程度上预防目前企业中大量存在的欺诈行为。

巴比克和海尔两位专家列举 10 个判断反社会领导的方法：

◆　1. 衣冠楚楚有魅力；

◆　2. 谈话时话题大多引到他自己；

◆　3. 贬低他人抬高自己；

◆　4. 对同事、客户、合作伙伴撒谎脸不变色心不跳；

◆　5. 认为不如他聪明或被他利用的人愚蠢；

◆　6. 投机主义，憎恨失败，不择手段地争取胜利；

◆　7. 令人感觉冷漠、工于心计；

◆　8. 行事不道德、不诚实；

◆　9. 在公司内拉帮结派以谋求私利；

◆ 10. 对危害公司、股东、员工的失误毫无悔恨。

问题员工可能就是反社会人格

好多问题员工实际上就是反社会人格。管理者不妨从心理学的角度思考他们的问题，而不必过于自责。

公司大了，难免会有反社会人格的人出现，就是俗称的"害群之马"。这些人在工作中欺负同事、怠慢甚至侮辱客户、压榨供应商、消极怠工、损坏公物、偷窃公司财物、窃取公司商业机密、违反纪律、撒谎、装病、搬弄是非、挑拨离间、向上级提出不合理要求、无理取闹地跟公司打官司、假公济私、损公肥私、贪赃枉法。其危害程度随着职位的增长而恶化。

对付害群之马，几乎没有什么办法。反社会人格是一种人格障碍，心理治疗也基本不起作用。这么多年，在精神健康领域的研究一直也没什么进展。看来，对于企业来说，在招聘这一关把他们过滤掉，才是上策。

据专家说，反社会的人外表还挺有魅力，脑子也挺聪明，一开始往往看不出他们的危害。

好多反社会人格的人，通过努力、聪明、魅力爬到领导岗位，然后就开始虐待下属、滥用职权，逐渐暴露其反社会本质。这个问题已经引起国外学者的关注。

2003年出品的一部加拿大纪录片叫作《公司》，说的是公司像一个反社会的人一样行动。它的观点是，如果把公司看成一个自然人，而非法人，那么拿美国的法律来衡量，这个自然人的人格完全符合 DSM — Ⅳ 中反社会人格的诊断标准，即欺骗他人以获取好处，并且行事莽撞，不在意后果。

用人之才：管得好就是刚柔相济

@李开复：【领导力】真正的领导力不是看你多有激情、魄力，而是看你是否有多元、均衡的能力。9种最重要的领导力：1. 愿景比管控更重要；2. 信念比指标更重要；3. 人才比战略更重要；4. 团队比个人更重要；5. 授权比命令更重要；6. 平等比权威更重要；7. 均衡比魄力更重要；8. 理智比激情更重要；9. 真诚比体面更重要。

李开复的这个微博，折射出他的领导风格：有刚有柔，柔多于刚。

管理学大师们也分刚柔两派，或称现实主义和浪漫主义。前者教导管理者们做好对下属的管控，代表人物是泰勒（Frederick W. Taylor）。后者劝导他们成为或大或小的精神领袖，代表人物是沃伦·本尼斯（Warren G. Bennis）。

你的领导风格偏刚还是偏柔？这里有9个自测问题。

9个刚性领导风格与9个柔性领导风格的典型自评题目

刚性风格（transactional）		柔性风格（transformational）	
子维度	7、6、5、4、3、2、1	1、2、3、4、5、6、7	子维度
X 理论	人生性懒惰，不思进取	人生性喜爱工作，具有自我监督能力	Y 理论
权威型	一旦我从这个位置上下来，没人会像以前那样听我的	即使我不在这个位置上，大家还会听我的	魅力型

交换	上下级关系是一种交易	上级必须影响下级的观念	感召
指令	我做有把握的决定，不在乎下属是否同意	我做决定前习惯征求下属的意见	参与
选才	招聘选拔比培训重要	培训比招聘选拔重要	育才
压力	管理者必须施加压力和奖励才能激发员工的工作动力	管理者必须充分发挥员工的创造力	鼓励
监控	定期了解下属进度，以免走偏	放手让下属去做事效果好	授权
法治	管理靠的是制度流程	管理靠的是领导力和企业文化	人治
任务导向	为了完成任务，我不管大家高不高兴	为了士气，我不对大家施加太大压力	关系导向

（注：1 到 7 分，7 分是高分，表示完全同意，1 分是低分，表示完全不同意。左右对应的两个维度的打分，互相不影响，可以同时打高分，也可以同时打低分，也可以一高一低。）

我又为不喜欢选择题的领导者设计了 9 个开放式问题，进一步判断他们领导风格。

你的领导风格有多刚？有多柔？你清楚自己的风格之后，就可以发挥情境领导力（Situational Leadership）或权变领导力（Contingency Leadership）：特定的领导者、下属、组织环境，以及任务，决定刚性和柔性领导风格哪一种更加有效。对于领导者而言，无论秉性刚柔，刚柔相济是有效领导的要诀。

第一节　X 经理人 *VS* Y 经理人

人性的基本假设

我们一直以来在喊"人性化管理"的口号，而对"人性"是什么，这些"人性"需要如何管理的问题，研究得较少。人性化管理被庸俗化，堕落为"对员工稍微好一点儿的"同义词。

20 世纪 60 年代，管理学大师麦克格雷格（Douglas McGregor）发现管理者有两类，他们对人性的基本假设截然不同。一类管理者认为：人生性懒惰，游手好闲，所以必须施加压力，才能提高工作效率。这种观点，麦克格雷格称之为 X 理论。另一类管理者认为：人喜欢工作，正如喜欢游戏一样，人天性希望把事情做好，所以，必须鼓励、授权、激发员工的内在工作热情，才能提高工作效率。这种观点，麦克格雷格称之为 Y 理论。

★ 问题：

> 你对人性的基本假设（implicit or explicit theory）是什么？
>
> 根据领导者的回答，产生一对维度：X 经理人 *VS* Y 经理人

卓越管理者既认识到人的 X 一面，又认识到人的 Y 一面。

我们总结心理学 100 多年来对于人性的研究，发现心理学研究结果既证明 X 理论，又证明 Y 理论。

X 理论的特性

人与其他高等动物的相同之处是：压力产生动力。鲶鱼效应就是这个道理。没有挑战，员工会懈怠。因此，管理者必须严格要求下属。压力过度，员工会崩溃或者逃避。因此，管理者施压必须有分寸。客户带来的压力与上级带来的压力的总和有一个上限，依个体差异而不同。当客户压力增加时，上级压力应该减少。因此，面对客户的员工，应该拥有更大的自主权和获得更多的内部支持（例如财务部门对销售代表的支持）。

人就是一个有机体，而且是一个脆弱的有机体，有其生理极限。员工一天只有 24 小时，必要睡眠时间为 6 ~ 8 小时，依个体而异。24 小时中，效率最高的时间不足 3 小时，绝非工作时间规定的 8 小时。其中，能够创造价值的时间可能仅为平均每天 1 小时。8 小时以外和周末的时间如果被工作占用，产生负面影响包括：士气低落、应付挫折能力下降、创造力下降、工作关系恶化、

工作质量下降。公司占用员工工余时间，对于公司来说是一种直接损害，而非得益。

人是非理性的动物。管理者不是不可以讲道理，但是不可以通过讲道理让员工改变态度，特别是员工对他们自己的态度。员工永远不会相信自己比别人差或者不称职。"以情动人"的效果在多数情况下好过"以理服人"。

人需要对生存环境的基本控制感。员工需要上级具有一致性（consistency）或可预见性（predictability）。管理者即使是一个灵活多变的人，也必须刻意避免在员工面前反复无常。不仅如此，管理者还要及时沟通公司状况和策略。

Y 理论的特性

员工的安全感来自主观感觉到的自身价值（即自己为公司所创造的价值），大于企业为员工付出的成本和投资。员工主观感觉到的自身价值，以客户（包括内部客户）认可和／或上级认可为主要线索。新员工缺少安全感，所以，会通过努力工作赢得客户、同事、上级的认可，一旦他们获得足够的安全感，他们就产生新的需求，新的需求不能满足，就会开始抱怨。

人与其他动物的不同之处是：人追求意义感。员工在满足职业安全感（Job Security）的需求之后，产生高级需求，包括：满足好奇心和应对挑战带来的乐趣、意义感（与其他工作比较），以及自豪感（与参照群体比较）。所以，管理者要让员工觉得，他们所做的工作，其意义远远大于工作本身。公司使命，就是起这个作用的。

人，特别是有责任感的人，必然承担必要的家庭责任。很多家庭责任，是必须在 8 小时以内，而不是在 8 小时以外承担的，例如，父母或子女突然发病。作为管理者，要鼓励员工为私事请假，特别是在"农闲"时节，只有如此，管理者在"农忙"时节，才可以要求员工拼命、加班。如果一直是"农忙"，从来没有"农闲"，那么，不是业务太好了需要增加人力资源，就是管理者不会处理把握工作的节奏和轻重缓急。

自尊（self-esteem），即自我感觉良好的需求，是人的终生追求。在工作中，员工渴望认可，憎恶批评。真正欢迎批评的员工，是少数极端不成熟以及极端成熟的员工。负面反馈是必需的，但最好当员工遇到挫折时，管理者提示员工自己给自己负面反馈。

人与其他高等动物不同，人有自我管理能力。管理者不要指望改造员工，员工的个性是长期养成的，短期之内，他的父母、配偶改变不了，管理者也改变不了。企业不是学校，管理者不是教练。管理者能做的而且必须做的，是启动员工的自我管理机制。

自尊受到个体之间相互比较的影响。人在心理上归属与自己的参照群体。员工整体的多样性越高，对每位员工的包容能力的要求越大，对管理者的要求也越高。同质性团队的效率高于异质性团队。管理者应该尽量让兴趣相近的人在一起工作。

员工需要感到最低限度的分配公平，并且会在感觉不公平的时候，自行调整自己的工作行为（例如感觉薪酬太低，于是少出力，或者感到无功受禄，于是加倍努力），以达到主观感受到的公平。所以，管理者容忍一个无能的或不努力的员工，会降低其他员工的工作动力。他们会想：连某某某都能拿那么高的工资，我再怎么不努力都对得起公司。

第二节　下属凭什么听你的?

追溯领导者的特质

　　古代中国天子与古代埃及的法老都通过严格的礼节、宗教般的各种仪式、神化的身份来宣示他们的尊贵身份，令老百姓不敢仰目以视。这些国家的统治者们是权威型领导人的极端的例子。原美国通用汽车公司总裁艾尔弗雷德·斯隆（Alfred Sloan）就有这种高高在上的王者风范。1938 年的《财富》这样描述他的管理风格：他与手下保持感情上的距离，但他对事实的尊重感染带动了整个管理层。斯隆尊重企业的每一位员工，但同时他又注意与同事保持一定距离。通用汽车的高级主管风格迥异，各具特色，为充分调动每一个人的积极性，不至于以个人的好恶而影响对企业经营的决策，斯隆故意把自己孤立起来而不与任何主管建立个人关系。

　　宗教的创始人，例如耶稣、释迦牟尼、艾哈迈德因没有法定的领袖地位，他们的影响力完全来自其精神魅力，因而，作为创始人的宗教领袖大都具有人格魅力型。秦朝的农民起义领袖吴广在群众中享有很高的威信，原摩托罗拉CEO 罗伯特·鲍勃·高尔文（Robert Galvin）也是这种范儿。高尔文被员工们评价为"一个正直而平易近人的人"。他的领导风格带有浓烈的人性化色彩，他将自己的角色定义为"制度领导者：做一个好的倾听者"，他总是去关注那些被高级经理们忽视了的雇员，就像父母对待子女一样，力图让每个员工在摩托罗拉都受到平等的对待。鲍伯·高尔文这种家庭式的管理风格，深深体现在摩托罗拉的制度与文化系统中。1970 年，他带领摩托罗拉开发了一套名为参与管理项目（Participative Management Program, PMP）的系统，这一系统将员工分为若干小组，让每个小组讨论如何提高生产效率与存在的问题，然后每个小组推举一个代表去汇报他们的成果，优秀的小组将会受到特别的奖励。如果一个人在摩托罗拉工作十年以上，那么未经高尔文的亲自批准，就不可能被解雇。摩托罗拉对自己最自豪的称谓是"大家庭"（这是摩托罗拉内部报纸的名字）。

★ 问题：

> 你认为下属为什么听你的？
>
> 根据领导者的回答，产生一对维度：权威型 vs 魅力型

权威型 vs 魅力型

领导人的影响力来自何处？个人魅力还是领导职位？是他或她坐的那把交

椅，还是那把交椅上的那个人？领导人对于自己的权力来源的解释，有不同的侧重。我们发现，有一类领导人，我们称之为"魅力型"领导人，他们认为自己的影响力来自自己的个人属性（例如，魅力、能力、品德）。还有一类领导人，我们称之为"权威型"领导人，他们认为自己的影响力来自自己的职位，即领导的法定角色。

权威型领导人的领导者角色已经成为其人格一部分。因为相信影响力来自职位，所以他们注意维护自己作为领导的尊严。与权威型领导人相反，魅力型领导人认为自己的影响力来自于个人魅力：智慧、才干、威信、性格、经历甚至外貌等法定权利以外的优秀品质。

权威型和魅力型领导人对权力的来源做不同的解释。

权威型领导人有以下特点：

◆　1. 权威型的领导认为影响力来自自己的职位，即领导的角色。他们认为这个角色已经成为自己人格的一部分。

◆　2. 因为相信影响力来自职位，所以权威型的领导注意维护自己作为领导的尊严：他们刻意与员工保持一定距离，避免与员工过于亲近，他们轻易不向员工透露自己的内心感受，因为他们相信作为领导其行为应该与领导的角色相符合。

◆　3. 他们相信领导与下属的关系是工作关系，因此认为这种关系越正式、越不带个人成分，越有助于领导力的发挥。

◆　4. 他们轻易不会在员工面前改变自己的决定。

◆　5. 他们不看重个人品质给自己带来的影响力，不喜欢没大没小的沆瀣一气。这种领导，往往给人以含而不露、深不可测的威严感。

魅力型领导人有以下特点：

◆ 1. 魅力型领导认为自己的影响力来自于个人魅力。何谓个人魅力？个人魅力是智慧、才干、威信、性格、经历等法定权利以外的卓越个人品质。因为相信影响力来自个人魅力，所以魅力型的领导注意维护个人魅力：他们经常与员工打成一片，建立互相信任的关系，他们不怕暴露自己的弱点，因为他们相信自己的魅力足以让员工敬佩。

◆ 2. 他们相信领导与下属的关系是人与人的个人关系，因此认为个人的关系越紧密、越融洽，越有助于领导力的发挥。

◆ 3. 他们不看重职位给自己带来的影响力，不喜欢摆架子，打官腔，不喜欢讲排场、搞特殊化。

◆ 4. 这种领导，在离开领导岗位之后，往往仍然与老员工保持个人关系，依然受到尊敬，成为员工的良师益友。

哪种领导更有效力

在中国人眼里，魅力型领导一度是缺乏制度管理的同义词。在这里，我们对魅力型领导有不同的定义。只有魅力型的领导人，才能实现所谓的感召领导（Transformational Leadership），而权威型的领导人，只能做好交易型领导（Transactional Leadership）。感召型领导的意思是，领导人为团队设立一个大家觉得可能实现的梦想，领导人以某种价值观影响下属，让下属感觉跟着这样的领导人有前途、有使命感，生活也变得有意义。交易型领导的意思是，领导要求下属完成一定的使命，然后让下属得到相应的回报。大家感觉跟着这样的领导人不会白干。

目前的趋势是员工平均3年左右换一个工作，人员流动率比较高。这种情况下，魅力型领导的作用会打一些折扣。跳槽的员工离开魅力型的领导人，心理上会有一些压力，但如果企业发展的速度最终不能给成长迅速的、抱负远大的员工以升职机会的话，人才还是会流失。

小型企业或者说创业型企业，特别需要魅力型领导人。在这类企业里，魅力型的领导人似乎比权威型领导人更加有效力。

在扁平化的组织结构中，魅力型的领导人会发挥得更好。这样的组织结构，分工和职权不那么明确。在同样愿意承担责任的前提下，一个领导人起多大作用，往往靠其感召力。

在结构化的组织结构中，权威型的领导人的作用不一定比魅力型的领导人低。大型企业或者已经发展成形的传统企业里，往往结构化程度比较高。在这类企业里，魅力型和权威型领导人可谓各有千秋。他们两者的区别，好似思想领袖和军事将领的区别。前者启发人们思考、创新，后者要求言必行，行必果。具体说，魅力型领导人的命令，会被误解成一般性的思想交流，因为他们平时和员工的沟通太多了。相反，权威型领导人与员工沟通思想，会被误解成必须执行的命令。两种风格的利弊，略见一斑。

交易型 vs 感召型领导

交易型领导者（Transactional Leaders）要求下属完成一定的使命，然后让下属得到相应的回报。大家感觉跟着这样的领导人不会白干。

感召型领导者（Transformational Leaders）的特征性动词是通过以身作则和愿景感召来影响员工自我认同、态度和价值观转变。领导人为团队设立一个大家觉得有可能实现的梦想，领导人以某种价值观影响下属，让下属感觉跟着这样的领导人有前途、有使命感，生活也变得有意义。愿景感召的实质，是让员工感到他们从事的工作的意义远远大于工作本身。当年乔布斯挖百事可乐的总裁约翰·思古力（John Sculley）做苹果CEO的时候这样对他说：约翰，你是想一辈子卖糖水还是想改变世界？乔布斯把思古力百事可乐的工作的意义（"卖糖水"）说得远远低于工作本身，而把未来思古力在苹果公司的工作的意义（"改变世界"）说得远远高于工作本身。

以沃伦·本尼斯（Warren G.Bennis）为代表的浪漫主义领导力专家，把人当劳动模范，要求领导者是圣贤，修身、齐家、治国、平天下，展现感召型领导者的特征，不倚重权位（position power），依靠个人魅力（charisma）。在"圣贤"领导人的感召下，广大员工不计较地位高低、待遇好坏，把单调的工作当成意义重大的社会贡献。可惜，这样的"圣贤"领导人，这样的"弱智"员工，至今没有出现过。

领导者只"画大饼"是不行的，想要"画大饼"有效，先要让员工吃到"小饼"，否则，就成了忽悠。

★ 问题：

> 你认为上下级之间是什么关系？
>
> 根据领导者的回答，产生一对维度：交易型 vs 感召型

指令型 vs 参与型领导

孙权在决定是否跟曹操在长江上打一仗的时候，跟他的下属们做了充分的协商。他先听主张投降的谋士们的意见，然后再听主战派的意见，然后觉得主战派的意见有道理，于是他断然决定：打！而且告诉手下人，既然决定了，就不要再讨论了，有谁再提投降，斩！

克雷格·贝瑞特（Craig Barrett），英特尔（Intel）董事会前主席，以独断专行著称。在贝瑞特掌权 Intel 以来，Intel 发生了两次转型：第一次是把 Intel 的处理器进行了成功的市场细分，其转型之快迫使其竞争对手在低价市场上无法兴风作浪；第二次转型是把 Intel 从计算机领域转到互联网领域上来。他把批评家的嘲笑置于脑后，在芯片行业历史上持续时间最长的衰退中逆流而上，

投资 280 亿美元兴建尖端工厂和开发新技术。因而今天，英特尔的制造技术仍然领先一步，在整个半导体行业中无与伦比。贝瑞特把英特尔的宣传语（slogan）从"给电脑一颗奔腾的芯"（Intel Inside），变成"英特尔无处不在"（Intel Everywhere）。他不顾别人的反对，力排众议，准备进军电脑以外的电信和家电市场。

★ 问题：

> 你怎样制定工作目标？
>
> 根据领导者的回答，产生一对维度：指令 vs 参与

　　参与型的领导者，决策时讲求民主，相信集体决策的力量；喜欢征询下属或同事的意见，不独断专行。指令型的领导者，相信自己的判断，不为他人不同意见所干扰，注重决策效率。

　　在工作中判断一个领导人是参与型还是指令型，可以从他们如何开会得到初步判断：参与型的领导利用开会讨论事情，指令型的领导利用开会公布决定。

　　作为下属，判断领导人是参与型还是指令型更加简单：当他跟你讨论一项决定时，如果他主要是听你的看法，而不表示他的看法，而且不与你讨论各种可能性，只是询问一些客观的事实，总之，他把你当成信息源而不是决策伙伴，他有很大的可能是指令型。如果他与你交流看法，试图说服你，或者希望你详细论证你的看法，总之，他把你当成他的谋士，而非信息源，他有很大可能是参与型。

社会心理学家库尔特·勒温（Kurt Lewin）和他的合作者们通过实验研究，总结出三种领导风格：独裁（Autocratic）、民主（Democratic）、放任（Laissez-Faire）。独裁风格的领导人做决策时不征求下属的意见，往往导致下属的不满，但工作效率不一定低。民主风格的领导人做决策时征求下属的意见，但下属要对结果负责任。这种领导风格造成员工满意度和效率都比较差。协商型的领导风格类似勒温的民主风格。决断型的领导风格类似勒温的独裁风格。

协商型的领导风格并不 ·定缺少果断。做决策时征询团队成员的意见，并不意味着领导人放弃决定权。前面讲到的孙权就属于这一类。当然，当难以达成共识的时候，有些协商型的领导人会举棋不定，有些协商型的领导人可能会退化成一个意见收集者，做大量沟通协调而非决策。

协商型的领导人总是容易获得下属好感，因为员工觉得自己参与了决策。这使人联想到参与式的领导风格（Participative Leadership）。美国密执安大学关于领导力研究的一个发现，就是参与式的领导风格比较有效。下属参与的程度不同，从完全不能参与（即独裁领导）到完全参与（即员工全权决策，类似于放任），是一个连续体。大多数领导人，风格处于这个轴线的某个位置上。

弗卢姆和叶顿（Vroom & Yetton）研究决策，发现五种决策方式，跟这里的协商—决断有关。其中前两种属于我们的决断型，其余都是协商型。

- 领导根据已有信息独自决策
- 领导从下属获取信息，然后独自决策
- 领导逐个征求下属意见，然后独自决策
- 领导开会征求下属意见，然后独自决策
- 领导开会征求下属意见，然后达成共识

　　情境领导力（Situational Leadership）区分出四种领导风格：指令（directing）、教练（coaching）、支持（supporting）、授权（delegating）。指令属于指令型，教练、支持、授权属于参与型。

　　虽然风格是一个人固有的内在品质，但是一个领导人权力的大小，地位是否稳固，都会影响他们风格的表现。权力集中、德高望重的领导人，更容易发挥指令的风格。权力分散、地位不稳的领导人，更适合发挥参与的风格。

第二篇　用人之才：管得好就是刚柔相济

第三节　企业生产人才，产品是附属

怎样用人

著名猎头公司亿康先达国际咨询公司，为了招一个猎头顾问，要 25 轮到 35 轮的面试，而且这些面试分别在亿康先达世界各地办事处进行。著名管理咨询公司麦肯锡选人也是精挑细选。他们只招最好商学院的最好毕业生。这类公司信奉以下理念：

◆ 人与人素质（即competence或competency，指个体在性格、价值观、行为、情感、动机方面的稳定属性）不同。

◆ 人与人的不同素质造成业绩的巨大差异。

◆ 人的素质可以客观准确地评估。

另一类公司更重视对人才的培养。曾任卓达集团公司副总裁王育琨，也是《经理人》的专栏作者，他撰文写道："在某种意义上说，管理者就是精神教练。作为管理者，不是简单地要求部下完成任务了事，而是要在完成具体任务的过

103

程中，强化素质教育和修炼，这是管理工作的重中之重。"

松下幸之助有一句名言：松下生产的是人才，电器只是副产品。

★ 问题：

> 你怎样用人？
>
> 根据领导者的回答，产生一对维度：选才 vs 育才

人的品德和才能，有些是容易测评的，有些长年观察也很难发现，有些是容易培养的，有些则很难培养。对于容易测评同时不容易培养的品德和才能，选才是相对有效的策略。对于容易发展的品德和才能，育才是相对有效的策略。

教练式领导者

俗话说"十年树木，百年树人"。培养一个人，收效不会太快。千万不要把企业办成学校。但是，不教会下属正确的工作方法，也是无济于事。成熟能干的员工，能够在领导的指导下快速成长。

领导是否有能力指导下属是一个问题。领导不一定在业务领域造诣高于下属，领导也不一定在具体做事方法上比前线的员工更有发言权。所以，指导风格的领导人，在不该指导的领域指手画脚，好为人师，往往会招来反感。

领导必须高于下属的地方，是对战略的理解，这跟领导占有的战略信息多于下属有关。做不到这一点的领导人，基本不胜任领导岗位。下属对战略的领

悟会有偏离的时候，领导必须做解释。领导人解释战略的方法有两种：一种是指派——把战略说透彻；另一种是指导——培养下属的战略思维能力。

胡萝卜还是大棒？

曾任美国钢铁公司第一任总裁的查尔斯·史考伯（Charles Schwab）主张表扬，反对批评。他说："我认为，我能把员工鼓舞起来的能力，是我拥有的最大资产，而使一个人发挥最大能力的方法，就是赞赏和鼓励。"他说："再没有比上司的批评更能抹杀一个人的雄心。我从来不批评任何人。我赞成鼓励别人工作，因此我急于称赞，讨厌挑错。如果我喜欢什么的话，就是我诚于嘉许，宽于称道。"

三国一代名将张飞，最终死于手下人之手，就是因为他对部下的批评过于激烈。《三国志·张飞传》记载："羽善待卒伍而骄于士大夫，飞爱敬君而不恤小人。"刘备曾经劝过他，并且警告这样做的恶果。可是，风格毕竟是风格，不是有了认识就可以改变的。性格决定命运！

★ 问题：

> 你怎样激励？
>
> 根据领导者的回答，产生一对维度：压力 vs 鼓励

卓越领导者在管理上既施加压力，又给予鼓励，做到左手压力，右手鼓励。尽管一般说来给予鼓励比施加压力重要，但是一味鼓励，从不施加压力的领导人也大有人在。这样的管理者并不称职。他们容忍低业绩，挫伤高业绩员工的士气。

一个领导者是压力还是鼓励，往往取决于自身的情绪管理能力。情绪管理差的领导者，容易动辄批评下属，对下属造成过大压力。判断一个人的情绪管理能力，最好是跟他一同吃饭，看他／她如何对待出错的服务员。例如，话听错了，菜上得慢了，菜上错了，钱算错了，发票没有了等等，总之，这样的错误发生的几率非常高。当这类事情出现时，看这个人的反应。

- 不反应

- 笑着或以商量的口吻反应

- 善意地提出改进的建议

- 表达愤怒，或者坚定地抗议

● 向服务员的主管反映问题

● 提出赔偿或道歉的要求

前三种反应是情绪管理能力的体现，后三种反应是反例。

从某种意义上讲，做领导就意味着得罪人。不管你风格如何，只要你负责任，不拿公司利益送人情，你总是会给下属造成一定的压力。

左手压力，右手鼓励

管人难，难就难在管理者对人性的理解难免失之偏颇。20 世纪 60 年代，管理学大师麦克格雷格发现管理者有两类，他分别称这两种类型管理者的观点为 X 理论和 Y 理论。

如果管理者能够充分认识到人的两面性，既认识到人的 X 一面，又认识到人的 Y 一面，在管理上既施加压力，又给予鼓励，做到左手压力，右手鼓励，"两手抓，两手都要硬"，那么，管人就管得好些。

压力产生动力。鲶鱼效应说的是，渔夫捕到的沙丁鱼在运送过程中大批死亡，但是，如果在沙丁鱼中放入一条食肉鲶鱼，沙丁鱼为了回避鲶鱼，变得紧张兴奋，所以反而活得更长。"鲶鱼效应"虽然不是学术界认可的一个概念，但是在中国文化里面相当流行。且不管这个故事是否真实，这个道理在生活中却经常得到印证。我们发现中外有成就的人士，大多有一段艰苦奋斗的历史。

苹果电脑的创始人史蒂夫·乔布斯（Steve Jobs），在斯坦福大学的毕业典礼上，做了一段感人的演讲。他讲了三段个人挫折。第一段挫折是他一出生就被生母送给别人领养，而他的养父母实在没多少财力供他上大学，这也是他决定辍学的原因之一。辍学之后压力重大，这个压力让他奋发创业，取得成功。第二段挫折是他被自己创立的公司、自己聘任的 CEO 联合董事会辞退，这件事对他的打击很大，但是压力产生动力，乔布斯从头开始"二次创业"，也取得了成功。第三段挫折是他得了癌症，经历过死亡威胁的乔布斯更加珍惜生命，更加追求卓越。

在管理咨询的经历中，我们也发现，那些敢于施加压力的管理者，他们的团队业绩都不错，但是人员流失比较严重。施加压力要注意度的问题。管理学上有个耶克斯 – 多德森定律（Yerkes–Dodson Law），说的是从管理成效上看，压力过低和过高，都会起反作用。这个定律还说明，高智力的、需要团队协作的工作，压力偏低一点比较好，而简单、机械、一个人能够独立完成的工作，压力稍大一点比较好。除了压力的强度以外，压力持续的时间也很重要。长时间的压力会降低士气，甚至产生心身疾病。

管理者施压的尺度拿捏得好，员工接收到的压力就是积极压力（eustress），否则，就是消极压力（distress）。所谓恩威并重，说起来容易，做起来难。而能够做到恩威并重的管理者，一定是那些心理品质极其优秀的人，他们对人真诚、宽厚，但是为了工作，绝不会因面子问题而放弃原则。

无独有偶，鲶鱼效应揭示的是人的 X 一面，皮格马利翁效应揭示的是人的 Y 一面。皮格马利翁是希腊神话中的一个雕塑家，他全情投入地雕塑了一个美女，视其为有生命的女人，这个美女居然活了。哈佛大学心理学家洛森塔（Robert Rosenthal）做了一个有趣的实验，他把一大批小学生随机选出一部分，对他们说，他们很有潜力，结果几个月过后，这些随机挑选出来的学生成绩真的超过了其他学生。这就是 Rosenthal 效应，也叫期望效应。应用在管理学上，期望效应意味着，管理者对员工寄予厚望，员工就不忍心让管理者失望。一个时髦的词，叫作增权（Empowerment）。稍有成熟度的员工，都是在鼓励中出彩的。管理者认为员工行，员工不行也行了，这就是期望效应。

心理学家发现，表扬可以塑造正确的行为，而批评只能惩罚错误的行为，并不能让员工学会正确的做法，而且，由于惩罚是管理者施加的，弄不好会削弱员工对管理者的信任。

表扬比批评有效，还因为成熟的员工懂得合理给自己施加压力。这种自我施加的压力，来自于美国心理学家麦克兰德（David McClelland）的三个社会动机：追求成就——自己要求自己把事情做得更好；追求亲和——自己要求自己被同事、上级、下级，以及客户接受和爱戴；追求权力——自己要求自己像杜拉拉那样步步高升。

尽管一般说来给予鼓励比施加压力重要，但是一味鼓励，从不施加压力的领导人也大有人在。这样的管理者并不称职。他们容忍低业绩，挫伤高业绩员工的士气。

我们见过一些管理者，手里只有胡萝卜，没有大棒；另一些管理者，手里只有大棒，没有胡萝卜。还有第三种管理者，左手拿着胡萝卜，右手拿着大棒，但是面对每一位活生生的员工，他们左右手挥舞得并不协调。

优秀的管理者知道不同的下属，在不同的阶段需要多少剂量的压力、多少剂量的鼓励。你知道吗？

监控还是授权

比尔·盖茨对史蒂夫·巴尔默（Steve Ballmer）的授权，是基于 20 年合作产生的信任。比尔·盖茨说，在微软公司，巴尔默是一号人物，而他自己则是二号人物；他有很大的发言权和建议权，但必须由巴尔默做出决定。人们称史蒂夫·巴尔默做 CEO 之后的微软为"后微软时代"。既然盖茨已经授权，将来微软这艘船驶向何处，基本上已经由巴尔默控制了。

授权对有些人来说，触不可及。《三国志》记载的诸葛亮，是一个万事不放心的人。"鞠躬尽瘁，死而后已"，这句话就是用来形容他的。他为什么那么累呢？因为他事事都要过问，连细节都要在他的掌控之中。刘备临终授予李严主管军事的权力，但诸葛亮总是怀疑李严，担心让一个降将率大军在重镇会出变故，于是"事必躬亲"，不仅李严的才智未能得到发挥，两人的关系也由此产生了裂痕。诸葛亮派马谡做先锋，还是时常不放心，要求马谡把排兵布阵的图送回来给他看。《三国演义》对他的操心风格似乎有所夸张，按照小说中的虚构，他动不动就给人锦囊妙计，让赵云这些具体办事的人到一定时候打开锦囊，按照妙计行事。

★ 问题：

> 你怎样控制下属工作质量？
>
> 根据领导者的回答，产生一对维度：监控 vs 授权

监控风格的领导者对下属的工作进程进行严密的监督，当出现偏离时及时纠正。授权风格的领导者给予下属高度自主，给予其发挥的空间。

从以下领导行为可以判断一个人的风格是授权还是监控：

● 授权风格的领导人，把一项任务交给下属之后，除非下属有求助行为，他们不与下属沟通进展，不讨论解决问题的方法，不主动提供支持。直到任务的期限到了，他们才来验收。

● 监控风格的领导人，把一项任务交给下属之后，频繁地询问进展，一旦下属做事有偏离轨道的时候，他们就可以及时纠正。

监控作为一种管理手段，在麦当劳得到充分体现。麦当劳创始人雷·克洛克（Rae Kroc）对餐馆的卫生要求非常严格。店铺开张早期，他天天都要到餐馆去，见到地上有杂物就捡起来。统一标准，以QSCV（Quality——质量：汉堡包质优味美、营养全面；Service——服务：快速敏捷、热情周到；Cleanness——干净：店堂清洁卫生、环境宜人；Value——物有所值：价格合理、消费方便）监控所有连锁餐馆，是克洛克的制胜法宝之一。克洛克从不把特许权卖给实力雄厚的人，担心他们有一天超过总部，难以控制。他的逻辑是："如果你卖出一大块区域的特许权，那就等于把当地的业务全部交给了他。他的组织代替了你的组织，你便失去了控制权。"就这样，通过是否给予特许权，克洛克控制了加盟者，促使他们注重品质、清洁、服务与价值。克洛克认为这是保持麦当劳长期获利的重要原因。

海尔董事长张瑞敏认为，"用人不疑，疑人不用"是小农经济的思想产物，是对市场经济的反叛，是中国传统文化的糟粕。他的用人观是：用人要大胆，在位要监控。

对于企业领导人，授权与监控是"放"与"抓"的一对矛盾。授权风格的人，要他们抓，是个挑战。监控风格的人，要他们放，是个难题。

有能力的成熟员工，非常适合授权风格的领导。能力较低，工作没有动力，自律性差，又不愿意求助的下属，不适合这种风格的领导人，也不宜授权。遇到不得力的下属，或者得力的下属误解了任务要求，验收的时候才发现问题，往往为时已晚。不过，领导可以追究下属的责任。

频繁的监控，会给自信的员工不好的感受，也会一定程度上束缚他们的手脚，削弱他们的责任感，甚至产生依赖。当结果不理想时，下属会把部分责任推卸给领导。

该授权时不能监控，该监控时不能授权。让能力高的下属完成相对他们来讲简单的任务，应当多多授权。让能力低的下属完成对于他们比较难的任务，应该多多监控。不恰当的授权，最后倒霉的是授权者，他们的下场就是痛悔用人不当。不恰当的监控，最后倒霉的是监控者，他们的下场是丢了西瓜捡了好多芝麻。

正统管理学教科书上，控制是管理的四大内容之一，其他三个是计划、组织和激励。所以，做管理的人大多会努力去监控。而授权则不在传统管理学教科书内，对于大多数管理者，授权是需要刻意去做的事。

授权是目前比较时尚的管理概念。好多管理者希望自己能够授权，但是，他们就是做不到。为了做到授权，管理者必须渡过两个心理难关：第一，容忍低质量。道理是，领导者都以为自己做效果最满意，别人做在他们看来都不如自己做得好，都是低标准。这是人之常情。从这个意义上说，授权就是容忍低标准（实际上别人做事质量不见得比自己低）。第二，冒做砸事情的风险。让别人去做，就好比赌博，输赢跟自己的努力没有关系，从授权之日开始，结果就不由授权者控制了（实际上别人做事风险不见得比自己做大）。

下属有时会抱怨领导不授权。其实，下属有责任建立领导对自己的信任。当然，遇到诸葛亮这样监控型的老板，下属再怎么努力，也很难被授权。

第四节　搭配法则：不匹配等于火星撞地球

同事间风格搭配

在同事之间，大多数的风格配对都无所谓好坏，也就是说，风格对双方的匹配度影响不大。值得一提的有如下几对风格：

工作型和事业型

工作型和工作型的员工通常能够相安无事，事业型和事业型的员工通常也能和平共处。但工作型和事业型的员工合作时出现不和谐的概率要高一些，原因在于双方不认同对方的工作价值观。

工作型的员工更在意工作的物质回报，而事业型的员工则更在意工作的精神奖励。工作价值观的差异可能导致彼此看不惯对方。工作型的员工觉得事业型的员工太投入，事业型的员工觉得工作型的员工太计较得失。

某团队中，只有 A 员工是工作型的，其他员工都是事业型的。A 不能理解同事们在没有报酬的情况下经常加班到深夜。而同事们觉得 A 太精明，不愿意加班，而且逢人就抱怨公司的待遇。逐渐地，大家都不愿意和 A 合作。尽管 A 工作能力很强，但由于价值观不被同事所接受，最终只能黯然离开。

想想你所在的团队中，有没有员工因为工作价值观和其他人不一样，而不受大家欢迎？要注意的是，单纯因为工作价值观（事业型和工作型）的不同而排斥某个同事是不合理的。如果某个员工工作价值观的不同并没有影响到其工作表现，也没有影响团队效率，那么团队应当尝试接受他。

在上述案例中，A 的工作价值观导致了他有一些不职业的表现（不愿加班，抱怨公司），给团队的其他成员造成了困扰，因此，他离开团队应该说是一个正常的结果。

灵活性和结构化

灵活性强的员工和结构化的员工合作起来会彼此感到困扰。灵活的员工喜欢随机应变，不喜欢事事提前安排好。而结构化的员工讨厌不确定性，希望提前做好时间安排。极端灵活和极端结构化的员工合作时可能会出现问题。

A 和 B 是工作上的搭档。A 的工作风格非常灵活，而 B 则极其结构化。一次两人出差，由 A 进行时间和工作安排。结果 A 基本没定时间表，而且很多事先定好的安排都临时取消，而原本空出的时间又有了安排，让不喜欢变化的 B 苦不堪言。

两人第二次出差，这次换由 B 安排时间。结果 B 提前两天就让 A 定下工作安排。喜欢到时候再想做什么的 A 感到很不习惯。B 还把 A 每天的起床、吃饭和休息时间都做好固定安排，令 A 叫苦不迭。

极端结构化员工和极端灵活性的员工合作起来可能会出现问题。这种问题纯粹是对彼此风格的不适应。个人工作习惯是长期形成的，一时很难改变，因此极端工作风格的人适应另一种风格会很困难。

对于案例中的 A 和 B，我们的建议是在保持自己的工作风格的同时，尽可能地照顾对方的习惯。例如，A 和 B 共同制定工作安排，个人的时间安排则可以自行决定。

主导和随和

如果两个员工都是随和风格的，或一个随和，一个主导，那么他们合作起来通常不会有问题。但如果两人都是主导型的，则有可能会出现不愉快。

A 主管和 B 主管在同一部门工作。一次，A 主管让部门的助理 C 紧急准备一份材料，第二天就要。正巧，B 主管也交给 C 一项紧急任务，让他制作一份业务报表。C 告诉 B，A 已经给自己布置了任务，自己恐怕没有时间。B 觉得自己的任务更重要，就告诉 C 把 A 的事情交给别人，集中精力做自己交代的工作。

C 于是跟 A 沟通，但 A 不同意，让 C 把 B 的工作转给别人。C 无奈，只好加班把两项任务都做完了。

由于时间仓促，C 的工作令 A 很不满意。当知道缘由之后，A 勃然大怒。C 的工作成果同样令 B 感到不满，当得知 C 还是把 A 的工作做了，B 也感到很生气。从此 A 和 B 结怨。

如果一个团队中有两个非常主导的成员，这很可能是一件令领导头疼的事情。主导型的员工对权力和资源敏感性更强，更容易引起冲突。在作为管理者而言，不能仅仅充当和事老，而需要主动地制定规则，更合理地分配权力和资源。

本案例中，A 和 B 的上级应当更明确地规定 C 的角色。正常情况下，C 应该在工作上支持谁？如果 A 和 B 都要支持，发生工作上的冲突时应该怎么办？实际上，解决案例中的问题很简单，如果你是 A 和 B 的上级，只要规定，一旦出现类似的问题就直接请示自己，由领导判断就可以了。

上下级间风格搭配

管理者对下级的行为风格和员工对上级的行为风格会影响两者的工作关系。下面我们讨论几种比较典型的问题组合。

上级协商型和下级待命型与上级决断型和下级参与型

协商型的领导喜欢征求下属的意见，而参与型的员工经常积极地向上级提建议，两者可以较好地互相配合。

决断型的领导希望自己做决策，下属不需要提建议，只要坚决地执行就可以。待命型的员工恰恰符合他的要求。

试想，协商风格的上级遇到待命风格的下属会如何？参与风格的下属遇到决断型的上级又会怎样？

某团队中，A员工是参与型的，B员工属于待命风格，两人工作能力相仿。他们的领导C则是协商风格的领导。C讲究民主，遇到工作上的问题常常组织员工开会讨论，征求每个人的意见。A常常主动向C提建议，因此颇得C赏识。B从不主动提建议，开会也不积极发言，C想听他的意见，他总说："您是领导，您怎么说，我就怎么做。"这让C有些不高兴。

公司进行人事调动，新来的领导D取代了C。D属于决断型风格的领导，遇到问题大都亲自决策，很少过问下属的意见。A仍然常常向领导提建议，却让D反感，相反，待命风格的B受到了领导的赏识。

这个案例中，尽管A和B工作能力差不多，但在不同领导的手下，受到赏识的程度就不同。员工对上级的行为风格影响到了上级对自己的评价，原因就在于不同风格之间的契合程度不一样。

从员工的角度看这个案例，我们能得到的启发是：要得到领导赏识，工作表现好当然是最重要的因素，但有时这还不够；作为员工，也许要了解上级的管理风格，并调整自己以适应上级的风格。

从管理者的角度看这个案例，其实C和D对下属的评价都存在不足之处。一个优秀的管理者，应当尽可能避免个人对风格的偏好影响自己对下属的评价。管理者对员工下判断，还是应当以能力和态度为主，而风格本没有好坏。

上级监控型和下级求助型与上级授权型和下级独立型

监控型的上级对下属的工作进展表现出密切的关注，与之相匹配的自然是求助型的下级。两者可以说在工作风格上一拍即合。当监控型的领导正想要询问下属工作进展时，下属已经主动找到他来回报和请示了。监控型的领导，最担心的就是任务失去控制，也不希望下属做决策的时候不告知自己，所以他们最喜欢的就是凡事爱请示领导的求助型员工。

授权型的领导给下属充分的自主性，这和独立型的下级自然就非常匹配。

对于授权型的领导而言，最希望的就是把任务完整地交给下属，给予下属自由发挥的空间，使其对最终结果负责。

那么，如果事情正好颠倒过来，监控型的上级遇到了独立型的下属，又会如何呢？

某团队中，A领导是监控风格，B员工属于独立型。一次，A领导让B员工管理一个市场研究项目。A领导期望B员工经常汇报进展，包括项目中的各种细节，但是B员工除非遇到重大的困难，否则几乎不主动找A领导来汇报。于是A不厌其烦地每周找B谈话，了解项目进展的各种细节，有时候一开会就是几个小时。

有一次，B由于没有请示A，就发了市场调研的对内宣传文稿，结果文稿中出了点小纰漏。这让A领导如临大敌，于是更加严密地监控B的工作。等到B开始着手写最后的项目报告时，A更是要求B坐在自己的办公室里，每写一段都要亲自审查和过目，并严格地检查错别字、格式的细节，令B苦不堪言。B私下跟同事抱怨，A领导根本不信任他！

这个案例中，A和B双方都有自己的道理。A认为，B对细节关注度不够，而且总是不让自己知道工作的进展，因此最好的办法就是严密、实时的监控。B则觉得，既然把任务交给自己了，自己就有权决定任务的做法，至于写报告，更没必要每一个段落都向领导汇报。

然而，换个角度看，A和B都有不对的地方。A由于自身的特点，以及与B之间的管理沟通不顺畅，最后演变成了"微观管理"（Micro-management）。也许微观管理能够减少错误的发生几率，但是这种管理效率太低了，而且根本无法激励员工。而B则需要理解，A与他的信任关系是双方共同努力建立起来的。对于 B 来讲，在重要的项目节点上，以及关键的项目决策上，要和 A 充分沟通，从而让 A 更好地了解自己的能力。一旦信任关系建立起来，B 的工作自然就会得到更多授权，双方配合度自然也就大大提高。

第五节　公司要做大怎么管？

法治还是人治

很多中小企业家感叹：企业做不大，是因为管理跟不上去。他们强化管理的思路如下：第一，建立、完善制度和流程；第二，提升各级管理者的领导力。他们或者仿照大企业建立、完善制度和流程，或者从已经做大的公司引进职业经理人。在这两种做法上，大家各有侧重。

★ 问题：

> 你怎样管理整个公司？
>
> 根据领导者的回答，产生一对维度：法治（制度流程）VS 人治（领导力）

治大国如烹小鲜吗？不完全是。治理公司与治理社会不同，因为公司和社会存在的意义不同，区别在于：社会以福利为目标，公司多以赢利为目标；社会讲人权还要讲民主，公司必须讲人权但可以不讲民主；社会可以为公平牺牲效率，公司可以为效率牺牲公平。对于公司管理而言，法治依仗制度流程，人治依仗领导人的才干。法治的优势，是通过标准化，减少人为的误差。但是有一利必有一弊。制度—流程主义的问题表现为，决策效率低下，本位主义和部门间冲突。

第三，制度严明，流程漫长。制度、流程的初衷，是避免主观因素的干扰，提升质量和效率，避免人浮于事。人治的优势，是灵活性。人治的劣势，是缺乏统一的标准。领导者的个人缺陷可能对组织造成较大危害。法治和人治相辅相成。制度流程可以弥补领导力的短缺，领导力可以弥补制度流程的缺陷。在此基础上，看清组织形态并建立自己的"亲信"团队，也不失为一种切实有效的管理手段。

别让制度和流程帮倒忙

管理水平并不体现在制度和流程的完善程度上，而是体现在企业的管人方式，在多大程度上符合人性。这个人性，是作为客户的人性，以及作为员工的人性。只有符合人性，同时符合企业特定商业模式的制度和流程，才能支持企业的成长。能做到这个地步的企业不多，成为商学院经典案例的连锁火锅店海底捞是一个绝好的例子。这是一家非常成功的火锅店。它的制度和流程并不比其他火锅店多，也并不比其他火锅店严。海底捞的成功秘诀很简单：顾客需要好的服务，只有对员工好，员工才会对顾客好。同时，只有确保顾客满意，才能够带来员工满意，员工才有动力对客户好。这两点，海底捞都做到了：它的员工有安全感，因为公司每个月给他们的父母寄钱；它的员工有尊严，因为他们住的宿舍比研究生宿舍还要舒适。在工作很累的时候，它的员工知道，这意味着分红会更多；当员工因偷懒而怠慢顾客的时候，他会觉得影响了同事们的收入，从而感到压力。

没有放之四海而皆准的管理方法。同样是专业服务领域，著名国际猎头公司亿康先达与著名咨询公司麦肯锡，在管人方式上是截然相反的。亿康先达的管人方式概括成两个词：终身制和大锅饭。麦肯锡的管人方式，他们自己总结下来是"Up or Out"，即"升不上去就走人"——残酷的内部竞争。

亿康先达从来不炒人，它的人员流动率是行业内最低的。它不按业绩付薪酬，而是按照资历付薪酬。猎头成功靠的是人缘。猎头顾问工作的年头越久，越知道什么人才适合去什么企业做什么岗位。所以，它希望它的咨询顾问都是终身制，为鼓励咨询顾问一直在公司待下去，它在制度上强化终身制——年终分红的多少与在本公司的年头长短成正比。因为这个猎头公司的猎头对象都是世界级的管理岗位人选，因此，不同办事处之间的合作是关键，所以，它选人都是选那些合作精神强的人，它同时在制度上强化合作——每个人拿到的奖金都是整个公司的平均奖金。为了保证它招聘的顾问能长期不跳槽，并且具有高度合作的精神，亿康先达每招聘一个猎头顾问，都要在不同地点的办事处进行25 ~ 35轮面试，最后的面试由公司的最高领导人亲自把关。

麦肯锡的商业模式不同。如果说猎头成功靠的是人缘，那么，战略咨询成功靠的是"人精"。战略咨询顾问必须是"人精"。夸张一点儿说，这些"人精"必须在几个月的时间里，解决困扰客户企业几年的问题。所以，麦肯必须吸引并留住最聪明、最勤奋、最有野心、最自信，以及最有影响力的人。为此，他们不遗余力地在最好大学的最好商学院招收毕业生，用超高的薪酬吸引他们。新人加入公司后，如果到了一定期限不能担负更大的责任，那么就必须被淘汰。

从亿康先达和麦肯锡的案例可见，由于商业模式不同，虽然人性是相同的，对人最有效的管理方式也不同。

目前，多数运行良好的企业，制度和流程的副作用极少，制度和流程总的来说起到的好作用大于副作用。但是，这些企业的制度和流程不能有力支持企业战略。例如，某个公司选人、用人、留人、育人各方面做得都很认真，员工满意度很高，觉得企业重视他们，觉得企业收入稳定，有安全感，这种投入对企业也有好处。但是，不能对企业战略目标的实现做贡献。多数成功企业的人力资源管理都是这个样子，制度完善，流程明确，员工满意，但是这些制度和流程与其商业模式没有必然联系。

还有众多企业正处于尝试建立制度和流程阶段，总的来说，这些制度和流程到底好的作用更大，还是副作用更大，还是一个问号。在一些企业中，管理者为了制度而建立制度，为了流程而建立流程，甚至，制度和流程违反员工和客户作为人的本性，管理的效果得不偿失，这种完善的制度和流程成为企业发展的障碍。

基于制度流程的法治理念有它的局限，基于领导力的人治理念何尝不是如此？

领导力是人力资本最大风险

传统风险管理关注财务风险，而忽略人力资本风险。世界著名风险管理公司怡安（Aon）在风险管理概念中引入人力资本风险管理概念，在人力资本规划、人才获取、佣工实践、人才管理、领导力、离职管理等方面，提出针对性的风险管理方案。纵观企业成败，这些人力资本风险中，最大的风险在于领导力。

领导力风险，随领导岗位的级别、所负责业务的大小而增长。领导力对业绩的作用，体现在两个方面：第一，领导人的决策质量；第二，领导人对所辖团队工作能力和工作动力的影响。

国际著名咨询公司盖洛普，每年都在世界范围内做同样的领导力效果调查（就是好评如潮的 Q12）。研究发现：只有 25% ~ 30% 的员工全身心地为企业效力（engaged）。换言之，大部分员工在三心二意地工作着。如果一个组织的领导人领导力很弱，100% 的员工不敬业，也是完全可能的。

一家企业在某地的分公司的现状：由于分公司总经理是一个不允许下属有独立思考的暴君，导致该分公司几乎所有员工都在另谋他就。业绩"飞流直下三千尺"。从财务的角度来看，在这位领导人的领导下，该分公司每个月支付大笔的员工薪酬和福利，而员工并没有在为组织出力。目睹类似案例的人，如果还认为领导力是虚的，那真是顽固不化了。

公司并购，失败者十有六七，这还是保守估计。国内企业并购失败率90%。公司并购失败的原因很多，其中一个重要原因，是并购的双方，特别是主导并购的一方的领导力是否足够强大，以至于能够整合不同的文化和业务模式，解决预先计划解决的问题，以及解决始料未及的问题。而领导力这一决定并购成败的重要风险，一直被忽视。在尽职调查（due diligence）的过程中，审计的内容大都不包括领导力。联想当初收购 IBM 个人电脑业务的最大风险就在这里。

　　CEO 岗位人员的更替，是另一个领导力风险领域。即使是明智的 CEO，也难免在选择接班人上栽跟头。联想的柳传志在杨元庆和郭为之间，选择了杨元庆，几年后，人们开始评论，如果这是一个正确的选择，他老人家就没有必要重新回来做董事长。杰克·韦尔奇在三个候选人（詹姆斯·麦克纳尼、罗伯特·纳尔代利、杰弗里·伊梅尔特）中间，选择了杰弗里·伊梅尔特。很快，股价下跌，人们开始评论，杰克选择的也许不是一个最好的接班人。而杰克选择杰弗里的一个重要原因，是杰弗里最年轻。杰克希望他的接班人能够像他自己一样，在 GE 连续做 20 年 CEO。而其他两个候选人的年龄显然不可能满足这一条。而因为年龄偏大而没有被杰克选中的詹姆斯·麦克纳尼，则成为波音公司的 CEO，几年之内取得了骄人业绩。

　　不难理解，为什么优秀企业寻找一个高管，往往愿意付出高管年薪三分之一的猎头费用，年薪十分之一的测评费用，平均每年年薪十分之一的领导力发展费用。企业这样做，就是为了管理领导力风险。如果说一般岗位用错人，其直接代价是这个岗位年薪的 5 倍，那么，领导岗位用错人，其直接代价是这个岗位年薪的 5 倍，再加上这个岗位所负责的业务收入的至少两倍。

　　管理领导力风险的专业公司有两类：高管搜寻聘请机构（猎头）的优势，是从领导人资历角度控制领导力风险，测评公司是从品德和能力角度控制领导力风险。猎头会包装他们选出的候选人，而测评机构则负责打开包装验货。某跨国化工企业 E 集团的经理人招聘和选拔流程从雇用优秀的猎头公司开始，猎头公司获取的候选人具有令人瞩目的职业经历和辉煌的业绩纪录，但是，这只是风险管理的第一步，这一步只解决资历问题。E公司把重点候选人送到著名领导力测评公司测评，这一步解决的是品德和能力的问题。笔者曾经参与了其中一个岗位人选的测评，并否定了客户企业最看好的一个候选人。实际上，像E集团这样有严格用人风险控制流程的企业，在世界上仍属少数，在国内就更加凤毛麟角。

CEO也需要"亲信"团队

大多数CEO都是"独裁者"，但他们还是希望自己看上去像个"明君"。

其实，CEO即便是个"独裁者"，这也并无不妥。公司和政府不同，它不需要对公众负责，只需要对股东负责，CEO也不是选举出来的，所以民主也不是必需。很多非常杰出的企业家都是"独裁者"——他要创新和变革，他要创造卓越，就不得不铁腕行事，"革命不是请客吃饭"。史蒂夫·乔布斯就是一个不折不扣的"独裁者"，你听说有谁控诉他独裁么？

不过，即便内心强悍，大多数总裁还是希望自己看上去像个"明君"。这不仅是出于自身形象的考虑，更是出于决策优化的考虑。就像"明君"身边都有几个"谏臣"一样，CEO身边也需要几个"亲信"。公司里的很多重大决策，虽然需要提交董事会或者高管委员会才能得以通过，其实在走这些"合规性程序"之前，CEO和他的"亲信"们已经做出了决定。

"听多数人意见，和少数人商量，一个人说了算。"柳传志的这句话揭示了大多数CEO决策的秘密。这里的"多数人"，可能是公司内部的高管和董事，也可能是公司的外部顾问；而"少数人"，往往是 CEO 和他的几个"亲信"。这些"亲信"可能是受信任的董事会成员、财务总监、销售总监或人力资源总监，以及某个主要事业部的负责人，不一而足。

还是那句话：这没什么不妥！尽管很多 CEO 都标榜决策是团队做出来的，但实际上，最终拍板的永远都是个人。看看那些标榜团队决策的组织是如何决策的吧！没错，到最后决策的时候确实有很多人举手了，因此看上去这是团队决议的结果，但你知道吗？在那些人举手之前，少数人已经做了决定，而且他们和团队做了大量的沟通工作，确保这些决定能通过。

永远要记住：在组织内部，做决策的职责永远是个人，而非团队！这个个人往往就是 CEO 本人。作为 CEO，他的重要职责就是做出决策，并对这个决策的结果负责。团队的集体智慧和丰富经验可能会给决策提供重大价值，但最后做出决策并为此负责的往往是 CEO 本人。你听说过一个董事会为了一个错误的决定集体辞职么？没有！辞职的通常是 CEO。

CEO 是孤独的，很多人表面上对他客客气气，但未必会告诉他真相，CEO 往往是这个团队知道真相最少的人。也因为责任重大，CEO 需要那些他信任而且有能力的"圈内人"——也就是他的"亲信"，帮助他分析和解决问题。你可以说这是"公司政治"的一部分，但对于 CEO 本人而言，这是他做决策甚至是生存的必要技巧，否则他必将遭遇失败。

那么，如何判断哪些人是 CEO 的"亲信"？从公司章程和组织结构图中你永远都看不出来！这些"亲信"并不是通常意义上的高管委员会或者董事会，他们没有正式名称和具体的存在形式，在组织形式上随意、松散、灵活可变。这份"亲信"名单在 CEO 的心里，而且并不固定，灵活多变的"亲信"团体对 CEO 的决策影响巨大，并决定公司的未来。

　　为什么有现成的董事会和高管委员会，CEO 还需要那些"亲信"呢？这是因为，董事会和高管委员会往往都是多方博弈和历史演进的结果，他们未必都是 CEO 信任的那些人。幕后参谋可以帮助 CEO 摆脱组织结构图的羁绊，让 CEO 更容易按照自己的意志行事。而且这些幕后团队规模较小，成员构成相对简单，有利于坦诚相见，容易帮助 CEO 做出决策。

　　"小问题开大会解决，大问题开小会解决。"小团队比大团队更擅长关键决策，可以避免组织权力分布不平衡、部门本位主义和人多难以达成共识等问题。而且这些幕后团队没有正式的名称，组织成员灵活多变，CEO 可以根据需要找到最合适的咨询对象，保证了决策的主动权。CEO 通过"开小会"做出重大决定，然后再去"开大会"谋求大多数人的支持。

　　上面说了"亲信"体制的好处，接下来要说说"亲信"体制的不足。这种非正式组织却是能够确保决策的高效性，但在执行的时候往往会遇到很大的阻力。没有人愿意做"橡皮图章"，如果公司的高管团队意识到那些决定其实早已做出，自己的意见根本无关紧要，只需要在正式流程中表示赞成，他们肯定会深感沮丧，并且在决策执行时消极抵抗。

　　CEO 有权"独裁"，但要想他的决策能得到有效执行，他就必须"民主"。CEO 可以有"亲信"，但在做出正式决定之前，他必须听取多方意见，让高管们参与到决策中来，让大家感觉到这个决定是集体做出的。如果高管们认可某一个决定，他们在执行的时候才会全力投入。如果 CEO 能让高管们感觉到这是"大家的决定"，他们往往会做出最优秀的表现。

如何协调高管与亲信的冲突？

最好的办法是：CEO 应当公开承认幕后参谋团队的存在，消除不必要的冲突，并创立正式的、真正一体化的决策支持渠道。同时，CEO 应该明确高管团队的咨询和协调职责，他们的责任和价值是协调资源配置，以便使得最重要的项目能够得到执行。这样，就可以兼顾幕后团队的灵活性和组织结构的严谨性。

CEO必须意识到，建立"亲信"团队，只是为了优化决策流程，而不是为了个人的安全感，以及办公室政治。无论采取何种决策方法，CEO的目标都不在于获得所有高管的认同，而在于做出最佳决策，并让这些决策有效执行。这才是CEO的重要职责。

第六节　管理方格理论的五类领导者

任务导向还是方向导向?

　　商鞅变法，给秦国带来强盛，但他行事不考虑他人的既得利益，只考虑怎么做能够达到强国的宗旨。从领导风格来看，商鞅以牺牲大量人际关系为代价，最后惨遭车裂，把自己的性命也搭上了。在企业中，任务导向的领导人不是特别受欢迎，但是，他们重视业绩，下场也许不像商鞅那么惨，而且，业绩好的领导人，职业发展会更加顺利。但是，得罪人是一定的。

　　心理学家梅耶的霍桑研究，引发了管理理念的变革。自此，重视人际关系的管理学思想形成了一个流派——人际关系学派。其实，早在瑞士人亿康先达（Egon Zehnder）创立自己的猎头公司的时候，他就是这个理念的坚定实践者。如今以他名字命名的亿康先达这家猎头公司，已经发展成为世界上最强的三大猎头公司之一。亿康先达要求他的员工之间、团队之间绝对合作，他要求坚决消除员工人与人之间、团队与团队之间的哪怕是一丁点儿的竞争。为此，他在选拔人才的时候，就刻意淘汰那些争强好胜的人。同时，在分配制度上，他采用平均主义"大锅饭"的做法。由于实行"终身制"，亿康先达的员工根本没有被炒鱿鱼的压力。好多员工深深爱上了这个公司。这样的公司，在欧美并不多见，因而传为佳话。但是在日本，以公司为家，士气高涨的公司比比皆是。

美国西南航空公司在整个行业走下坡路的情况下，除了第一年外已连续获利数十年年。这家公司是典型的两手抓，两手都硬：它选择了强悍的竞争战略，同时，它高度重视团队士气。西南航空频繁被评为最佳雇主的前几名，被一致评为延误最少、旅客投诉最少、行李失误最少。西南航空为提高士气做了不少卓有成效的努力。他们宁可招聘能力平平但擅长团队合作的员工，也不选择能力突出、个人主义的人。对于新员工，公司提供人际关系能力的培训。西南航空不怎么提"明星员工"的概念，而重视"明星团体"。

比尔·盖茨认为："团队合作是一家企业成功的保证，也是个人成功的前提。"微软中国研发中心总经理张湘辉博士说："如果一个人是天才，但其团队精神比较差，这样的人我们不要。中国IT业有很多年轻聪明的人才，但团队精神不够，所以每个简单的程序都能编得很好，但编大型程序就不行了。美国微软开发Windows XP时有500名工程师奋斗了2年，有5000万行编码。软件开发需要协调不同类型、不同性格的人员共同奋斗，缺乏领军型的人才、缺乏合作精神是难以成功的。"

★ 问题：

> 你花多少时间管事？多少时间管人？
>
> 根据领导者的回答，产生一对维度：任务导向 vs 关系导向

任务导向的领导者，把完成团队任务看得很重，甚至以牺牲关系为代价。关系导向的领导者，看重建立、维护团队内和谐人际关系，甚至以牺牲完成团队任务的质量为代价。

五种类型领导者

任务导向和关系导向，是领导力的两个重要坐标。根据的管理方格理论（Managerial Grid，由罗伯特·布莱克和简·莫顿提出），有五种类型的领导者，我们称之为工会主席、战俘施工队长、无为而治、足球队教练、职业经理人。

其中十分关注人员满意，基本不关注工作成效的管理者，典型的代表是工会主席。我们在工作中也会遇到工会主席型的管理者。十分关注工作成效，基本不关注人员满意的管理者，典型的代表是战俘施工队的长官。战俘们只是劳动工具，他们曾经是敌人，所以，只要给他们基本的人的待遇就可以了，绝对不能对他们太好。我们在工作中也会遇到战俘施工队的长官这样的管理者。人员满意和工作成效都不关心的管理者，我们称之为无为而治。我们相信，不管理有时比乱管理效果要好。人员满意和工作成效都十分关注的管理者，我们称之为足球队教练。如果工作中遇到这样的老板，你会感觉一直被鞭策着并且激

励着，你会很累，但没有或者不好意思有怨言。适度关注人员满意同时适度关注工作成效的管理者，是典型的职业经理人。他们知道工作只是生活的一部分，而不是全部，他们关心员工，但是不做家长。

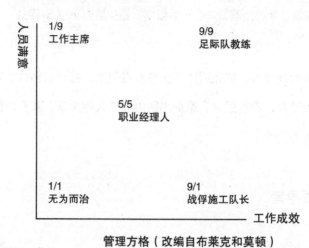

管理方格（改编自布莱克和莫顿）

麦克里兰的成就动机理论认为，亲和动机太强，会破坏一个领导人的管理效果。他太想让所有人都高兴了，结果，不但不能让所有人都高兴，而且为了取悦下属，而舍弃了业务目标。管理学研究告诉我们一个曲线关系：团队凝聚力低，生产力肯定低。团队凝聚力太高，生产力也会下降。所以，单纯强调任务和关系，恐怕都不是明智的做法。职业道德低下的领导人，在企业里尽拉帮结派之能事，不把心思放在经营上。这样的人，是最恶劣的一种关系导向。往往撤换这样的领导人，他/她的团队也需要撤换。否则，他们的团队也会集体倒戈。

任务导向的领导人，容易忽视自己和员工的生活质量。如果任务导向的领导人有强大的感召力，手下员工会心甘情愿地为工作牺牲很多生活，尽管他们

时常会抱怨老板是工作狂。老子说"不尚贤，使民不争"，则说明了领导艺术的另一个方面。对员工好，让员工之间关系融洽，任务自然就会完成得好。这也许就是老子所谓的"无为而治"吧。

职业道德高尚的领导人，在企业里团结员工，却不拉帮结派。他们教育员工要忠于职守，做职业化的经理人和员工。这些人领导的团队，士气高涨，却不会为了忠于领导人而牺牲职业操守。这样的关系导向的领导人，是企业的宝贵资产。

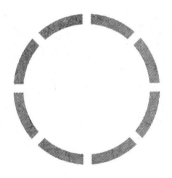

第三篇

自知之明：发现你的使命和优势

　　一个优秀的领导者要会识人用人，而要识人用人，首先要做到的是有自知之明。一个没有自知之明的人，是不能做到识人用人的，可以说自知之明是识人用人的前提。要做一个领导者，首先是自我修炼的过程，也就是我们常说的"诚意正心修身"，只有做到了这一点，才能做到"齐家治国平天下"。

　　自知之明，言下之意就是知道自己的使命和目标，知道自己的情绪和心理，知道自己的优势和劣势，以及快速学习成长的路径。只有做到这几点，才能做到管理好自己，也只有管理好了自己，才能做到领导团队，并领导变革。可以说，自知之明是领导力的原点。

　　自知之明的第一步就是知道自己是谁，为什么而活，要去向哪里，擅长什么，不擅长什么。只有发现你的使命、目标和优势，才能有一个好的开始。如果你能建立高效的学习习惯，则有利于帮助你快速在一个领域成为专家，这些都是"诚意正心修身"的基本功。

第一节　如何发现你的使命和优势

每代人有每代人的使命

参加各种家族企业论坛，传承都是一个绕不开的话题。原因很简单，家族企业之所以被称为家族企业，就在于它能够一代一代地传承下去。我们说起各种标杆的家族企业，都有两代以上的传承历史，否则很难被称为家族企业。国外很多新创办的知名企业，比如谷歌、亚马逊、Facebook 等，由于没有经历过传承，我们一般不会把它们称为家族企业。

但在中国大陆，这个定义却值得商榷。1949 新中国建立以后，有近三十年私有经济是被取缔的，真正意义上的企业家都是在改革开放之后，也就三十多年时间。很多企业的创始人都还活跃在企业经营的第一线，二代还没有正式交接班，也没有实现所有权和经营权的分离。这样的企业算不算家族企业？学术上存在一些分歧，并没有一个统一的说法。

不仅学术上的定义存在分歧，公众对家族企业的认识也各不相同。十年前，很多上进一点的企业家都比较排斥这个词，因为这个词会让人想到一些偏负面的概念：任人唯亲，裙带关系等。比如说，俏江南的创始人张兰就公开宣称：俏江南不是家族企业。企业家对这个词开始坦然接受，也就是最近几年的时间，因为企业传承开始成为一个大问题了。

不过说到家族企业到底传承什么，不同的人又有不同的看法。现代企业制度确定了所有权和经营权的分离，因此家族企业的传承至少有两种方式：第一种是同时传承所有权和经营权，企业第二代在企业传承中扮演重要的经营角色；第二种是只传承所有权，请职业经理人去经营公司；有人把企业全部卖掉，只传承家族财富，已经说不上是家族企业传承了。

第一种家族企业传承也就是我们常说"子承父业"，那些有几百年历史的家族企业都是这种类型。这些家族企业通常集中在一些变化很缓慢的行业，比如寺庙维修、温泉旅馆、酱油酿制、橄榄油加工、西装定制等。这些行业强调工艺传承，以及对价值观的坚守，企业规模普遍不大，管理起来相对简单，家族成员掌控经营权更有利于价值观的传承。

那些知名的家族企业，绝大多数则属于第二种传承方式，比如说西门子、保时捷、法拉利和 IBM 等。这些企业的经营权和所有权分离开来，家族成员可能曾经涉足企业运营，但后来大都退出了经营层，只是拥有家族企业的所有权。其原因也很简单，这些企业所在的行业竞争非常激烈，你很难保证所有家族企业成员都有能力和兴趣参与家族企业的运营。

中国的家族企业传承刚刚开始。家族企业传承什么？如何传承？值得每个企业家认真思索。各种家族企业论坛大家讨论得都很热闹，但真正切中要害的寥寥无几，大都是一些人云亦云的废话。一些家族企业传承的培训班也在瞎胡闹，认为家族企业传承就是二代要听一代的话，还引入了"弟子规"等国学课程。还有些培养二代的经营管理能力，这些都跑偏了。

中国民营企业的平均寿命不到 5 年，超过 30 年的寥寥无几，对于绝大多数民营企业而言，不存在家族企业传承问题，企业在传承之前就结束了。对于那些需要面对家族企业传承问题的企业，能够幸运地"子承父业"的人也是少数派，绝大多数会选择第二种传承方式，二代只是继承公司的所有权，企业的经营权交给职业经理人。

为什么我们会如此悲观？原因很简单：家族企业传承本来就是一件极难的事。即便是欧美和日本这样几百年来经济比较稳定的国家，家族企业每传承一代的概率都不超过三分之一，那些传承了几百年的家族企业一方面很稀少，而且大都是一些规模很小的传统企业。对于中国几十年来经济变化天翻地覆的国度而言，家族企业传承更是一件难上加难的事，犹如惊涛骇浪中的一叶扁舟，他们要考虑的首要问题不是传承，而是企业的升级和转型。

还有一个原因，中国大多数一代企业家和二代企业家的人生目标和价值观都有一定的出入，因为他们的成长经历和教育背景不同，很多二代企业家对家族企业的经营目标和策略都缺乏认同感，也没有能力去驾驭那些非常复杂的政商关系和人际关系。大多数一代企业家从事的是传统的加工制造业，而二代们更多对于互联网和投资领域更有兴趣，非要让他们去"子承父业"，不仅达不到预期的目标，可能还会让二代企业家们迷失自己的方向。

我们对那些"子承父业"的二代企业家表示由衷的尊敬，他们做成了一件极难的事，但这不应该成为家族企业传承的唯一路径。

每代人有每代人的使命，与其早早给二代规划好职业发展路径，倒不如放手让他们去追逐自己的目标。家族企业传承，传承的不仅只有家族企业，其中家族财富是更容易传承的，而家族精神更值得传承。

别补短板了，发挥你的优势！

大多数人都有这样的记忆：从小学到高中，每次期末考试之后，如果某门成绩不够好的话，老师都会说：你看，你又偏科了！大家都知道，决定你能否考上大学的是总成绩，而不是单科成绩，如果哪门功课不优秀的话，你就注定无法考上好大学。我们从小就养成了一个惯性思维：要弥补你的短处，否则你会失败！

管理学上这种惯性思维叫作"木桶效应"。所谓"木桶效应"，就是说一个木桶能装多少水，不取决于这个木桶最高的木板有多高，而取决于最短的木板有多高。有学者用"木桶理论"去形容一个组织或者个人，他们假定这样一种理论：一个组织的绩效往往受限于它的劣势，因此组织要获得高绩效，需要弥补其劣势。

大多数组织在做个人绩效评估时，往往也会把重心放在寻找并改善每个人的缺陷上来。绩效评估的标准模式通常是这样的：先告诉员工几个好消息，然后话锋一转，把谈话重心放在这个人需要改善的地方。大家习惯了这种谈话模式，以至于很多人一听别人的夸奖就很紧张，他知道马上就要说到"但是"了。

不过这种思维方式有些过时了。决定一个人是否卓越，不在于他在各个领域的平均分有多么高，而在于他在某一个领域是否足够领先。所有的天才都有极擅长和极不擅长的领域，而且对比非常明显，如果用平均分来衡量这些人的话，他们的得分并不突出，但他们之所以成为天才，因为他们在某个领域足够卓越。

千万不要指望你能把你的"短板"弥补成你的优势，就像永远不要指望让一条狗能够优雅地游泳一样。一个人能把短板弥补到及格水平，需要花费很多精力，要弥补到优秀水平，难度更是超乎想象。不仅如此，一个人弥补短处过程中的无助感和痛苦，也要远远高于让他去发挥他最擅长的地方。

"积极心理学之父"马丁·塞利格曼也这样认为，他说："我不认为一个人应该把大把精力花在修正自己的弱势上，恰恰相反，一个人生活最大的成功和最深层次的满足感来自于构建和发挥自己的显著优势……最好的工作和生活状态是，每天使用自己的显著优势，来创造充分的满足感和幸福感。"

事实上，每个人都有自己擅长和不擅长的领域，与其把精力放在改善自己不擅长的一方面，不如把精力放在让自己擅长的领域，让自己擅长的领域变得更加卓越。一个组织是一个系统，每个人都有自己的分工，让每个人去做自己最擅长的事，然后实现某种协同和互补，这样的效率更高，成员的满意度也更高。

领导力专家约翰·曾格和约瑟夫·福克曼在针对 8000 位领导者谈话的研究也表明：一个在某一领域占有优势，但同时也有几个缺点的领导者，其领导技能要明显优于那些没有什么缺点但也没有什么特长和优势的人。一个领导者如果在五个以上的领导力特质具备优势，他就有可能成为排名前 10% 的卓越领导者。

衡量一个领导者是否卓越和评价一个团队的时候，你应该专注于他们的优势而非劣势。一般来说，一个卓越团队里正面谈话是负面谈话的五倍，而一个中等绩效的团队这个比例就只有二比一。对于那些表现较差的团队，他们往往都把自己的关注度都放在劣势上去了，负面谈话是正面谈话的三倍！

当然，这种基于正面和负面的评价一定要基于现实，而不是一种夸夸其谈的自我感觉良好。另外，上面说的劣势也并非那种会影响整个组织绩效的致命缺陷——比如说糟糕的人际关系和办公室政治，只是说他们在这个领域表现尚可，但也不至于引起严重的后果——如果是的话则另当别论了。

这种观点也和我们通常说的"扬长避短"道理相通。我们没有办法在每个领域都很擅长，但我们可以把自己的优势发挥到极致，同时要注意让自己的弱点不要产生负面后果。一个优秀的领导者应该努力专注于发挥自己的优势，同时寻找到一个能力互补的合作伙伴，让他来弥补你的弱点，而不是什么事情都自己来。

专注于优势还会让每个人变得更加积极，让他们变得更加自信，也能够让他们表现不是那么优秀的一面变得不那么重要，产生正向的推动作用。忘记所谓的"木桶效应"吧，你是否能做到卓越，绝不是因为你改善了什么劣势（但也注意不要让它变为致命缺陷），而在于把你的优势发挥到了极致！

如何快速成为一个领域的专家？

各种励志文章中，"天才的 10000 小时定律"是最被津津乐道的。什么是"天才的 10000 小时定律"呢？就是一个人假如在某一个领域专注超过 10000 小时，就能成为这个领域的世界级专家。10000 小时是什么概念呢？假如你每天训练 8 小时，一周训练 5 天，一年训练 50 周，大约 5 年的时间就可以达到了！

"天才的 10000 小时定律"所以知名，源自马尔科姆·格拉德威尔的超级畅销书《异类》。他用了莫扎特、披头士、比尔·盖茨和比尔·乔伊等各自领域的天才成长的轨迹，说明了一个道理：这些天才之所以成为天才，不仅是因为他们天赋异禀，更重要的是，他们都在各自领域训练了超过 10000 小时，无一例外！马尔科姆·格拉德威尔是《纽约客》的专栏作家，他非常善于用故事来讲述让人眼前一亮的道理，还被《快公司》评为"21 世纪的德鲁克"，可见他的影响力之大。

这样的励志故事是非常鼓舞人心的。你想想看，只要 5 年时间的努力训练，你就能成为世界级专家！不过故事就是故事，当你被这个故事激励之后，再回头看看周围的人，并照照镜子看看自己，就会生出一些疑惑：为什么那么多人都工作 10 年了，却连普通专家都不是，更不要说世界级专家了。

这就是商业畅销书常给人的错觉。马尔科姆·格拉德威尔用了大量的故事总结出了这个规律，但对于如何利用好这 10000 小时却语焉不详。这导致很多读者"只知其一，不知其二"，他们知道了经过 10000 小时的训练就能成为世界级专家，却不知道这 10000 小时是怎么训练的。很多人号称有 10000 小时的经验，但仔细研究就知道，其中真正有效的经验只有不到 2000 小时，其他时间就只是简单地重复了。正如许多人号称有 10 年经验，其实真正有效的工作经验只有 1 ~ 2 年，接下来的工作都是重复这些经验，也就是把 2 年经验重复了 5 次！

问题出在哪里？有一点是马尔科姆·格拉德威尔没有说的，这 10000 个小时的训练，必须是系统性、有意识地训练，如果你没有这个训练的前提，量变不会引起质变。我尝试从"系统性"和"有意识"这两个层面来说如何高效学习（训练是学习很重要的一部分），让自己能在几年之内成为一个业内专家。

当然，能不能成为世界级专家，不仅需要你对这个领域有天分和兴趣，还需要一点点运气。

先说"系统性"学习。一个人的学习往往有三个维度：知识层面、行为层面和心智层面。这三个层面的学习并非是彼此割裂的，很多学习行为同时包含这三个层次的学习，但确实存在一个循序渐进的层次关系。心智层面的学习维度是最高的，很多顶级专家之所以能触类旁通，就是他在心智层面修炼到位了。

所谓知识层面的学习，就是你必须系统性地掌握相关领域里面的关键知识。我们在大学里面的专业课程主要就是为了完成这个层面的学习，平时的培训和阅读也是在完成知识层面的学习。很多人读了很多书，每天都会看微信公众号文章，但往往没有系统性，导致他们知道了很多知识，但没有把它们结构化地联系起来，这还不算系统化学习。要弥补这一点，建议大家多看看相关领域的经典书籍。

行为层面的学习，就是要把你知道的东西运用于实践，并在实践中真正理解那些知识。健身和跑步就是非常典型的行为层面的学习，你可能看了很多健身和跑步的书籍或微信，说起来也头头是道，但如果你没有真正地训练，你就不能算真正理解这些知识。创业和管理也是如此，可能你看过上千本这些领域的书籍，但如果你没有真正尝试过创业和管理，你就不能真正算作这个领域的专家。

和知识、行为层面的学习相比，心智层面的学习是最难的。所谓心智层面的学习，就是了解你思维的操作系统，思考你是如何思考的，并从一个更高维度去审视你的知识和行为。一些有创新思维和领导力的人通常在心智层面非常发达，他们创造新的知识和改造既有行为，并进入"随心所欲而不逾矩"的层面。要做到这一点，需要有大量知识积累和有意识训练，在这个过程中不断反思和感悟。

再说"有意识"学习，前面其实已经说过了一些。比如说有意识阅读，就不能只是凭兴趣阅读自己喜欢的书，而是了解自己的知识短板，阅读那些你还不懂的书籍，建立起一个系统性的知识体系。要了解一个领域里的关键成功要素，我们需要和这个领域里的顶级专家多交流，努力对标最好的人和组织，知道自己的努力方向和自身短板，做到"见树木也见森林"，并有大局观和前瞻性。

有意识的实践则是要针对你的优势或者劣势训练，发挥优势并弥补短板。我们去健身房请教练，就是为了让专家帮助你形成正确的运动姿势，并制订完整的健身计划。我们每做完一件事情要做复盘，也是希望从经历中学习经验避免教训，把每天的工作都当作不断学习的机会。这个过程需要我们有很强的自律精神，如果能够有教练指导和队友敦促，可以让我们少走弯路，并获得坚持的力量。

心智层面的有意识的训练往往体现为经常自我反思，各种内观、正念、禅修都可以看作这种训练，私董会和 U 性理论则是心智层面的群体训练。这种学习不是向别人学或者向自己学，而是向未知的可能性学，由此诞生一些创新的想法和产品。在这个快速变化和知识爆炸的年代，许多以前的知识和经验已经不管用了，我们需要不断创造新的知识和理论体系，这种心智训练比以往更加重要。

很多励志文章的道理都没错，但往往只知其一，不知其二，凡事要多想想为什么和怎么做，才能做到找到关键成功因素，并能举一反三。更关键的是，要立即行动起来，反复练习和反思，把工作当作你的使命。否则，就算你知道了很多正确的道理，依然过不好这一生。

第二节　领导者的情绪和情商

你的情绪基线是多少

人们情绪的基线高低不同：高基线的人，情绪通常保持在一个较高水平上，经常显得快乐，遇到困难也能保持乐观，甚至鼓励周围的人。低基线的人，工作中有忧患意识，对工作很少盲目乐观。

人们情绪的稳定性不同：有人情绪平稳，工作很少受到个人情绪的影响。有人情绪起伏：情绪变化频率高，起伏大。

幽默风趣、受人爱戴的美国总统林肯，其实是一个情绪基线很低的人。林肯的老友乔舒亚·斯皮德回忆他第一次见到林肯（当时林肯还是一个年轻律师）时的情景说："我打量着他，当时我想，现在我也这样认为，在我的一生中，我从未见过如此抑郁、如此深沉的面孔。"林肯自己曾经抱怨说："我是最不幸的人。如果我的感受平均分摊到人类所有的家庭的话，那么世界上就不会再有一张欢乐的面孔了。我无法预言，我今后情况是否会好一些，但保持现状是不可能的了。我要么有所改善，不然就死了算了。"

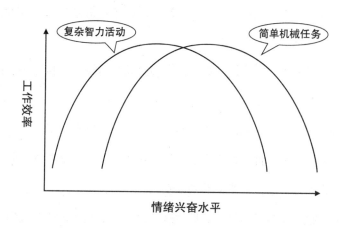

凯文·汤姆森（Kevin Thomson）写了一本书叫《情绪资本》（*Emotional Capital*），把情绪当成一种资本，我们认为很有道理。一个人有多大能量，体现在情绪上，而非体力上。

20 世纪初，心理学研究发现一条倒 U 形的曲线，发现情绪过高和过低都会影响效率，最佳情绪状态是不高不低。这就是 Yerkes-Dodson 定律。后来的研究又发现，对于简单机械的工作，最佳情绪点比较高些，对于复杂智力活动，最佳情绪点比较低些。

情绪基线高是好事，但情绪持续高涨过了头，就可能是躁狂症的症状。反之，情绪持续低落过了头，就可能是抑郁症的症状。如果一段时间情绪基线高，过了一段时间情绪基线低，这可能是躁狂—抑郁症的症状。

情绪的稳定性高，是情商高的表现，但情绪稳定过了头，心理学上称为情感淡漠（apathy）。情绪稳定性低，可能是情商低的表现，但也可能意味着激情澎湃。如果情绪过于起伏，就可能是癔症（hysteria）的症状。

判断一个人情绪基线的高低，可以参考以下线索：

情绪基线高的人，往往活动量大，忙忙碌碌的。精力充沛，不知疲倦，乐观向，脸上常有笑容。

情绪基线低的人，往往活动量小，安静，动作迟缓。不容易兴奋起来。看问题比较冷静，不盲目乐观，表情比较平静。

情绪基线高的人，大脑活动水平高，反应迅速。富有情绪感染力。看问题更多看到的是光明的一面。对于企业来讲，领袖必须让追随者感到前途光明。遇到困难依旧乐观，这是可贵的领袖品质。

我们测评过众多的总经理，我们发现，总经理们大多情绪基线偏高。

另一方面，好多企业的失败，源自领袖的盲目乐观，对风险估计不足。一群人讨论问题，在个别有威信的人的主导下，容易头脑发热，这是社会心理学所发现的群体决策极端化现象。而情绪基线低的人，可以避免头脑发热。当一群人盲目乐观的时候，情绪基线低的人提醒人们注意潜在的风险。情绪基线稍低一些，对于从事高智力活动有好处。从事高智力活动，兴奋水平太高有不利影响。

情绪稳定性

问加拿大总理特鲁多他三落三起，终能重返政坛的秘诀是什么，他的回答："忍耐"。其实，人人都想忍耐，不忍耐又如何？但是，谁能真正做得到忍耐，靠的一定是情绪稳定性。

似乎地球上的人都知道，英国二战时期的首相丘吉尔是一个情绪起伏大的人。他脾气暴躁，喜欢骂人。他的情绪会很快从低沉的状态一跃而达到高度兴奋的状态，即使到了八十四岁的高龄，从政坛上退下以后，丘吉尔还是如此。以下的一段文字很能说明这种情绪突变。

1958年，尼克松在访问伦敦期间，特地前往丘吉尔的寓所拜访。当他进屋时，被眼前的情景惊呆了：八十四岁高龄的丘吉尔躺在一张斜椅上，眼睛半开半闭，一副老态龙钟、行将就木的模样。他的声音颤抖。问候声轻得几乎听不见了。这时，他艰难地伸手拿了一杯白兰地酒，一饮而尽。不一会，这位已经是风烛残年的老人奇迹般地苏醒了过来，眼神恢复了，口齿也清楚了，显得精神焕发，居然和尼克松滔滔不绝地讨论了一小时国际局势。

尼克松起身告辞时，丘吉尔一定要送到门口。他挣扎着站起来，在两名助手的搀扶下步履蹒跚地朝门口走去。门打开了，记者蜂拥而上，照相机和电视摄影机的闪光灯发出的强烈灯光，照得他们无法睁眼。这时，丘吉尔反应敏捷，一把推开助手，昂首挺立，目光灼人，举起右手伸出两指，做了个象征胜利的"V"字手势。

丘吉尔的一张最传神的照片，多亏丘吉尔情绪起伏大才拍得成。那是1941年1月27日，在拍照过程中，丘吉尔抽着雪茄，情绪比较放松，这时，摄影师突然把雪茄从他嘴里拿走，丘吉尔被激怒了。这时摄影师按下了快门。如果是别人，也许情绪不会在瞬间变化这么大。

情绪稳定性跟遗传有很大关系。但情绪是可以管理的。情绪管理是一种能力。不像情商理论家声称的那样，情绪稳定性是成功的关键，甚至比智商都重要。基于我们对历史人物的研究，似乎情绪起伏大并不影响一个人的成功。许多成功人士都情绪不稳定。斯大林的情绪非常不稳定，为此他的妻子非常痛苦。

苹果电脑公司的创始人乔布斯也情绪极不稳定。是否因为大权在握，人们容易放纵情绪？答案是肯定的。但是，情绪稳定性毕竟是一个有遗传和神经、内分泌生理基础的特质，不会因社会地位的变化而突然改变。

判断一个人情绪的稳定性，可以参考以下线索：

情绪平稳的人，喜怒哀乐变化不明显。遇事冷静，好消息也不能让他们兴奋起来。情绪平稳的人，荣辱不惊，是中国古人追求的高尚境界。世界上的宗教大都追求内心的宁静。情绪平稳的人大多给人稳重可靠的印象，这有助于他们走上成功的职业生涯。情绪过于平稳，就会变成情感淡漠（apathy）。情感淡漠的定义是，缺少动机、兴趣、热情，没有情绪反应。

情绪起伏的人，喜怒哀乐变化明显。如果你回忆起他，脑海中会出现不同的形象。这种人容易给人留下强烈的印象。中国文化对于这种人比较排斥，能够克服这种排斥脱颖而出的人物，一定有过人的精神力量。中国文化对情绪起伏的人的偏见是不稳重、不成熟。其实，谁能比谁成熟多少呢？每个人的内心都是个孩子。

现在受西方文化的影响，中国人开始推崇激情。这对情绪起伏的人来说是个好消息。情绪起伏的人比较容易让人感觉有激情。但是，情绪起伏大，对心脏不利。情绪激昂情绪稳定性有遗传因素起作用，但人们可以学会控制情绪。有很多方法可以控制情绪，比如放松训练、音乐疗法、生物反馈、瑜伽、气功等。

不得忽视的情绪病

情绪不健康主要表现为焦虑（anxiety）、抑郁（depression）、躁狂（mania），以及抑郁状态和躁狂状态的周期性交替（心理学上成为双相情感障碍，即 bipolar disorder）。焦虑就是没什么实实在在的威胁也紧张、不安、担心、恐惧。有些焦虑是针对某些情境（例如社交场合）的，心理学上称作状态焦虑（state anxiety）。有些焦虑是跟个人的性格有关的，在很多场合都会出现，心理学上称作特质焦虑（trait anxiety）。抑郁就是情绪低落到影响工作和生活，甚至到了对生活失去兴趣的程度，表现在工作和生活中的沮丧、悲观、失望、情绪低落甚至厌世。一些人的情绪症状可能表现为情绪低落到情绪高涨的周期性变化。

据美国心理学通俗刊物《今日心理学》（*Psychology Today*）报道，全美国一年因为员工情绪状态低落（抑郁和焦虑）而导致的有效工作时间损失相当于400多亿美元。这里的有效工作时间，不是指上班时间。即使人们人在公司，他们低落的情绪状态也许不能让他们集中精力工作。

据2006年北京共青团委的一个调查，60％的白领人士面临精神压力。2007年发表在《社会精神病学与精神流行病学》（*Social Psychoiatry and Psychiatric Epidemiology*）期刊上的一个研究报告估计，全中国每年因抑郁症造成的经济损失为500多亿人民币，这包括16％的直接损失和84％的间接损失。

焦虑症状有以下几种表现：

● 惊恐症：突如其来的无缘无故的惊恐发作——心慌、出冷汗、昏厥。

● 强迫症：自己跟自己过不去——强迫自己做或者想某种事情。

● 创伤后遗症：创伤体验之后，日常生活中的小事经常刺激受害者回忆起创伤体验，从而产生焦虑。

● 社交恐惧症：在普通的与人交往中过于紧张、过于关注自我形象、过于在意别人的评价，以至于害怕到了不能正常与人交往的程度。

● 特殊对象恐惧症：怕一些没有危害的事物，比如水、猫、电梯、广场、高处等。

● 一般性焦虑症：没什么特殊起因的习惯性的坐立不安。一般担心的内容是灾难、健康、经济、工作、家庭等。

抑郁症表现为持续两周或更长时间的悲观感受，经常还伴随着对生活失去兴趣、失望，以及精力衰弱。这种长期的负面情绪状态会影响日常工作和生活。抑郁症往往导致自杀。精神健康咨询网站 Wing of Madness 谈到抑郁症的自我诊断方法：

以下症状如果你有了五种或者更多，而且持续两周以上，你可能有抑郁症了。注意，这些症状并非只是抑郁症才有，其他身体上的疾病也可能出现这些症状。

● 悲伤 / 容易发脾气

● 对平时感兴趣的活动失去兴趣

● 体重或食欲变化

● 睡眠模式改变

● 感觉内疚、失望，或无意义

● 无法集中注意力、记不住事情、不能下决心

● 持续疲倦或者精力不济

● 明显的活动量剧增或下降

● 重复出现自杀或死的念头

如果以下症状你有三种或更多，你可能还伴随着情绪高涨的躁狂期。

● 自我膨胀，雄心勃勃

- 精力大增，对睡眠需求下降

- 不合情理的兴奋或发脾气

- 说话／活动增多

- 乱搞男女关系

- 断裂的奔逸的思维

- 行为冲动判断失误

抑郁症状跟焦虑症状有内在的联系。焦虑与抑郁经常共同出现。多数抑郁症伴随着焦虑，反之，多数焦虑症伴随着抑郁。可以把焦虑看成是急性症状，而抑郁则是慢性症状。如果焦虑和抑郁同时出现在一个人身上，自杀的危险性更大。

林肯曾经患有严重的抑郁症，另一个患有强迫症（焦虑症的一种）的名人，是美国富有传奇色彩的霍华德·休斯（Howard Hughes），他是美国著名航空家、工程师、企业家、电影导演。在旁观者的眼中，他几乎实现了所有男人的梦想：财富，对他来说是与生俱来；美女，用如云形容毫不过分；创造，他可以设计飞机；创业，他曾经拥有拉斯维加斯赌城；改造社会，他彻底改变了当时赌城的黑社会形象，让赌城成为绅士淑女的乐园；冒险，他两次驾驶飞机绕地球飞的过程中失事，侥幸存活；他还嫌现实不够刺激，于是进军好莱坞，成为导演。他死后，他本人则成了几部电影中的人物。然而，就是这样一位成功人士，人生却以强迫症收尾。他的强迫症行为的一个表现之一，是他吃豆子的方式——他必须把豆子从大到小排好顺序，然后再吃。

好多抑郁症的患者，其实患有双相情感障碍。一般来讲，抑郁症状持续时间较长，躁狂时间持续较短。著名画家梵高就是患有双相情感障碍的典型代表。

精神病学家的经验告诉我们，一般双相情感障碍患者在从抑郁期向躁狂期过渡的阶段都会有自杀企图。有人分析，他的画作《麦田上的乌鸦》中，表达了他在希望与绝望之间的挣扎。实际上，梵高创作这幅作品的时候，很可能是处于从抑郁到躁狂的过渡期。在画完这幅画的几天之后，梵高自杀。

情绪病与组织发展

员工情绪不健康会削弱一个组织的生产力，所以有的企业为员工提供专业的心理支持，这个支持体系称作 EAP（Employee Assistance Program），即员工支持系统。EAP 通过专业人员的倾听、辅导、咨询甚至治疗，缓解压力，从而降低因有效工作时间损失和医疗费用造成的成本。

有些负面情绪是有原因的，有些则没有原因。焦虑和抑郁，许多情况下是找不到现实中的具体原因的。笼统地说，这些原因叫作 stress（压力或翻译成应激）。企业管理者应该知道这一点。据《今日心理学》报道，上级的情绪状态以及与上级的关系，是工作中压力的主要来源。年终焦虑症，是一种职场上典型的状态焦虑。一年一度（甚至一个季度、一个月一次）的业绩考核，成为许多员工和经理人的噩梦。年终焦虑症的启示是，管理者应该多多了解人性中脆弱的一面，把业绩沟通当成一种让人振奋的激励和让人进步的辅导。压力是要有的，但是要控制在一个限度之内。

情绪稳定是一种美德，不过，情绪的起伏会促使一个人产生激情和深刻的思考，从而更多地发挥自己的潜能。

心理学研究证明，患抑郁症的人比正常人对事物的看法更客观、更现实。

我们猜想，也许也更深刻吧。

在"正能量"概念泛滥的今天，我们应该意识到"负能量"（负面情绪）的积极作用。

领导人必须高情商?

想一想那些伟大的领导人，丘吉尔、林肯等，试着判读一下他们情商的高低，你一定会感到困惑。

领导人是否必须高情商？最早提出情商这个概念的心理学家的名字并不为世人所知，这些人基本上是忠实于真理的科学家。而当情商这个概念家喻户晓的时候，误导就产生了。

按照戈尔曼（Daniel Goleman）的说法，情商有四个方面，根据他的 360 度情商测评工具（Emotional Competency Inventory，简称 ECI），情商素质有 18 个条目。

自我意识（self-awareness）

● 情感的自我意识

● 准确的自我评价

● 自信

自我管理（self-management）

● 自我的情感控制

● 可信赖性

- 适应能力

- 成就导向

- 主动性

- 乐观精神

人际关系意识（social awareness）

- 同理心

- 组织意识

- 服务意识

关系管理（relationship management）

- 培养他人

- 领导力

- 变革催化剂

- 影响力

- 冲突管理

- 团队合作

看到这些条目，一位叫作洛克的心理学家急了：情商到底不包括什么？

除了传统智商的思维能力（例如，分析思维、概念思维等），还有战略思维之外，情商几乎无所不包了！

所以，当甲领导说一个人情商太低的时候，指的是他没有察言观色的能力。

当乙领导说一个人情商太低的时候，指的是他没有自我管理能力。

18条都强的人恐怕很难找到，这世界上情商高的人像外星人一样难找。

智力（intelligence）与技能（skills）的区别在于：智力是最最基本的能力。智力是一切技能的基础。心理学家的研究证实，情商的18个条目之间，是没有交互相关（intercorrelation）的。例如，一个自制力很强的人，管理关系的能力不见得很强，而一个影响力很弱的人，不见得不自信。

总之，18个情商素质之间相关系数很低，18个情商素质之下，似乎没有一个g因素（一般因素）在起作用。

情商让一个人成功吗？很多证明情商比智商更能决定一个人是否成功的研究，其前提都排除了智商差异。例如，在管理层中间，智力一般不会太低，而差别主要体现在其他方面。当然，18条都比较高的管理者自然业绩比较好。这就好比在NBA球员中间研究各项指标，结果发现身高不是影响篮球水平的主要因素，而是身高以外的众多因素更能够影响篮球水平。实际上，这样的研究等于把身高的差异控制住了，那么就永远不能发现身高的真正作用。

没有一个情商高而智商平庸的领导人成功过，同时，没有一个成功的领导人的情商是没有缺陷的！

情商跟工作业绩有关吗？研究得出不一致的结论。情商与业绩的关系，似乎随着智力的高低而改变：最近有人发现，在智力越低的员工中间，情商对业绩的影响越大。

情商对于领导人，最关键的只有三个：

● 自信：对自己的能力做出基于事实但偏高估计的倾向性。

● 毅力（或称自控、意志力、自我管理能力）：为了更大的利益而控制冲动的能力。

● 同理心：设身处地思考的习惯。

其中，同理心又是以智力为基础的。所以，如果一个人有很高的智力，只要多吸取些人际交往的经验教训，那么同理心比较容易形成。

而自信和毅力的缺失，往往是导致一个高智商的人碌碌无为的原因。自信既是天生的，又是社会化过程中养成的。毅力，则更大程度上是天生的。毅力的基础是延迟满足（delay of gratification）。人与人之间毅力的差异巨大。有毅力的人立长志，没有毅力的人常立志。

心理学家做过一个有趣的实验：让一批四岁的孩子单独待在一个房间里，房间里放着一个铃铛和一块果汁软糖。规则是这样的：如果孩子摇铃铛，心理学家就进入房间，允许这个孩子吃掉这块糖。如果这个孩子不摇铃铛，而是一直等下去，直到心理学家自己回来为止，那么，这个孩子可以得到两块糖。

孩子们坐立不安，有的把眼睛捂住，有的乱踢乱打，总之，挣扎着抵抗诱感。这是人类幼年意志力的表现。但是，参加实验的孩子之间差异巨大。有的一分钟都等不了，有的居然等了 15 分钟。

心理学家跟踪研究这些孩子发现，意志力强的那些孩子高考成绩（SAT）更高，考入更好的大学，毕业后更加成功。在实验中最沉不住气的那些孩子，比较多地成为学校里的害群之马，成年之后吸毒的比例也更高。

太聪明的人做不了企业家

我们发现：如果要做智商测试的话，企业家们普遍不如外企高管聪明，思维能力也逊色于他们。

我们通常说一个人聪明，往往是从智商层面来说的。一个聪明人往往有以下表现：思维敏捷、出口成章、擅长逻辑思维、对数据非常在行……对于一个主要依靠个人能力的专业人士而言，比如对编辑记者、咨询顾问、律师和会计师而言，这绝对是一个优秀的职业技能。经常有人说情商比智商重要，其实高情商的人往往也是高智商的，但高智商的人未必高情商，这也是很多专业人士欠缺的地方。

任何事情都有两面性，一个非常聪明的人，他的优势换一种角度有可能变成劣势。比如说，逻辑思维强的人往往对情感的感知力偏弱，对数字过于敏感的人往往缺少想象力，思维过于敏捷的人往往缺乏做事情的坚韧执着，战略思维能力很强的人往往缺乏把事情落地的耐心，专业上精益求精的人往往缺少对其他人的包容。当然智商足够出类拔萃的人情商很低也能成功，但这样的人毕竟是极少数，绝大多数人还是要同时拼智商和情商的，在企业经营中情商确实更重要一些。

每个人都有路径依赖。一个太聪明的人往往习惯于发挥自己的长处，有时候甚至把聪明当作目标本身。彼得·德鲁克曾经对前来拜访的吉姆·柯林斯说：很多聪明人之所以一事无成，就在于他们往往把聪明当作目标，而忘记了聪明是为目标服务的。企业家对事物的目标感更强，他们也更加执着和坚韧，而专业人士更容易把专业本身当作目标，而这些人则更容易被那些有事物目标感的人所利用。

以《西游记》里的唐僧团队为例，唐僧手无缚鸡之力，为什么能驾驭能力比他更强的孙悟空、猪八戒和沙和尚呢？原因很简单，他有向西天取经的使命感，而且为了这个使命有百折不挠的信念，而且他有强大的社会关系，得到了各方的支持，万一孙悟空不听话，他还能念紧箍咒。刘邦团队和刘备团队也都是如此，他们知道自己要去哪里，而且知道找到怎样的人通行，因此更有可能成功。

经营企业其实是一个驾驭风险的过程，因为中间充满了模糊和不确定性，很多事情不全是靠理性判断来坚持的，而是依靠自己的信念和忍耐力。这个时候一个人如果太过聪明，往往会对当下的利益得失过于看重，一旦遇到一点挫折就去想别的可能性，反而会让自己无法坚持。就像哲学家柏林说的那样：狐狸知道很多道理，刺猬只知道一个道理。那些能把事情办成的人，往往需要一些狐狸的前瞻思维，更需要刺猬的坚韧执着，太聪明的人往往在各种选择中不知所从。

当然不是说聪明人就没办法创业了。从概率层面来看，聪明人创业的成功概率自然要大于不聪明的人，但他们确实需要加强在信念和意志方面的修炼。

领导者同时培养自己两种看似矛盾的能力：第一是"磨锋"，也就是锤炼自己的专业能力，这是一个专业顾问公司必备的竞争力；第二是"藏锋"，这则是作为一个组织者必备的技能，只要对别人有更多的包容，才可能凝聚和培养团队，让组织变大。

史蒂夫·乔布斯说过一句很有名的话"Stay hungry, Stay foolish"，没有创业过的人恐怕很难真正理解这句话。我愿意把它翻译为"好学如饥、谦卑若愚"，这更多是一种状态，只有保持好奇心和谦卑感，才能不断进步，从聪明到智慧。

第三节　好老板，坏老板

你是好老板还是坏老板

好老板还是坏老板，这是很多人喜欢评判，但很难有答案的话题。你可以从道德品格、人际关系和绩效达成等多重维度去评判一个老板是"好"还是"不好"，而且你会发现同一个人在不同人心中的印象完全不同。做老板不是做圣人，只需要对自己的道德品格负责就可以了，他们要面对很多艰难的选择，而这也是企业家修炼领导力过程必须经历的过程。

很多知名企业家脾气都不太好。苹果的乔布斯、英特尔的葛洛夫和亚马逊的贝佐斯，他们都以脾气不好著称。乔布斯经常对着员工咆哮："这是什么狗屎设计？！"葛洛夫则对着女员工喊道："如果你是男的，我会打断你的腿！"国内的企业家脾气不好的也很多，比如好斗的周鸿祎脾气就不太好，而宋卫平的口头禅是："这个事都做不好，你可以去死了！"

这些人是好老板还是坏老板？不同的人有不同的看法。如果你是一个注重人际关系和谐的人，你会认为这些是不折不扣的坏老板，他们在摧残下属尊严时毫不留情。但如果你更认可他们确实做出了一些改变世界的事情，让整个公司得到了顾客和社会的尊重，你会认为他们是一个好老板。用不同的尺子去衡量同一件事或者同一个人，得到的答案可能完全不同。

那么问题来了：到底什么是好老板，什么是坏老板呢？

我们可以用"事"和"人"两个维度把老板分成四个象限。对于两种人的评价大家不会有分歧：那些既能取得卓越成绩还能维系良好人际关系的人肯定是好老板，那些把事情做砸了也没维护好人际关系的人肯定是坏老板。争议在其他两个象限：那些取得了卓越成绩但人际关系糟糕的人是坏老板吗？那些很注重人际关系但成绩平庸的人是好老板吗？

要回答这两个问题，要先问一个问题：企业家（领导者）的职责是什么？

答案很简单：企业家或领导者就是能带领一群人实现共同目标的那个人。问题在于：是达到共同目标更重要呢，还是那群人的个体感受更重要？上面提到那几个有争议的企业家，大都属于那些更关注共同目标，而不太在意个体感受的人。乔布斯还有个观点：鞭打那些最优秀的员工，让他们超越自己的能力极限，做出超乎想象的作品来，他们会感谢你的！

作为一个给企业家做总裁教练的创业者，笔者深知做企业不容易，因此毫不犹豫地标明观点：那些对员工苛刻以追求卓越成绩的企业家就是好老板，而那些为了追求人际关系和谐而忽视卓越绩效的企业家则是坏老板。企业的核心目标是为了创造卓越的产品和服务，这个过程往往充满了冲突和艰辛，为了取得超乎寻常的业绩，必须付出超乎寻常的努力。只要企业家能带着员工取得辉煌成绩，让他们同步获得财务自由和个人成长，他就是一个好老板。

再来说一下企业家的个人品格：企业家应该绝对诚实吗？

我们经常说乔布斯的"现实扭曲力场"，这个词听上去有些科幻色彩，似乎乔布斯有某种魔力似的。其实这个词翻译成大白话就是"忽悠"，也就是说能让人相信一件并不存在的事实。如果你有道德洁癖，一定认为乔布斯是一个撒谎成性的人。不过，如果你认为企业家就是那种把不可能变成可能的人，那么这种忽悠能力又是企业家必备的能力：一般人只相信他看得到的东西，而他们则"看到了"他们真正相信的东西，而且提前表达出来了。

让我们来看看葛洛夫是如何靠"忽悠"来实现企业转型的。

1985 年，英特尔赖以起家的存储器业务在日本企业的进攻下陷入困境，微处理器业务还没有成熟。当时的总裁安迪·葛洛夫在董事长摩尔的支持下，努力将英特尔转型成一家微处理器为核心业务的企业。当时的情况并不支持英特尔做出这种转型，安迪·葛洛夫是怎么说服所有人支持他们的这一决定呢？多年以后葛洛夫在接受媒体访谈时说：骗！葛洛夫写过一本书叫《唯有偏执狂才能生存》，企业家要取得卓越成绩，性格方面也往往与众不同。

当然，我们不能唯结果论，似乎只要企业家做成了一件事情，他完全可以不用顾忌伦理道德。对于那些大是大非的事情，企业家一定要有明确的底线意识，但在道德底线和圣人法则之间，依然存在很大的空间。做企业最有趣的一点就在于：他们在努力拥抱各种不确定性，不断地挑战原有规则并制定新规则。这个过程中如何把握好人和事之间的平衡，也是对企业家们的领导力的极大挑战，因为"好老板"和"坏老板"的界限往往是比较模糊的。

企业家们，你够职业吗

过去一年，万科一直被媒体关注，从宝能成为大股东，到华润中间反目，再到恒大入股万科，各种内幕、评论、八卦满天飞。各种评论中，有个观点最有趣：王石作为万科的创始人和小股东，他到底是企业家还是职业经理人？

万科创立于1984年，原本是一个国有企业集团的内部创业项目，王石是创始人和总经理。1991年，万科上市，由于当时国有企业改制的政策限制缘故，王石放弃了获得股份的机会，以经理人的身份去管理万科。从此，王石专注于打造一个超强的经理人团队，1999年他把总经理的位置让给了郁亮，做起了董事长。在郁亮的带领下，万科成为中国最领先的房地产公司，2015年的销售额超过了2000亿人民币，也是全球销售额最大的房地产公司。

历史不能假设，现在回头看王石当初放弃股份的决策是否正确。当时国有企业的管理层激励措施还不明朗，因此王石等管理团队放弃股份的决定也是不得已而为之，并不是像他后来说得那么高尚。这个决策的另一个副作用就是万科没有实际控制人，因此给了很多外部股东通过公开购买股份控制公司的可能性，22年前有"君万之争"，后来则有"万宝之争"，万科一直是资本方感兴趣的公司。

回到那个问题：王石是企业家还是职业经理人？我们并不认为这两种身份不能兼容，因此我们的答案是：都是！王石作为万科的创始人和董事长，也是万科的小股东，当然是个企业家，但在一个现代企业制度里，董事长也是职业经理人，同一个人可能有不同的身份和角色。

很多企业家经常发出这样的抱怨：公司肯干而且能干的经理人不多，能干的经理人又不"忠诚",经常跳来跳去,还有经理人觉得自己"翅膀硬了",出去创立了一家和老东家直接竞争的企业,同事变成了竞争对手。每每遇到这样的情况,企业家们总是有些痛心疾首:这帮职业经理人啊!我如何把他们变成"事业合伙人"呢?

遇到这样的问题时,急急忙忙给出建议肯定会错,先回到问题本身:这是一个真问题吗?到底什么是职业经理人?大家很快在定义上达成共识,说一个经理人很职业,大约有两个意思:第一是他以管理企业为目的,第二是他在管理企业方面敬业和精通;前者和他的生存状态有关,后者和他的态度、能力有关。由此可见,说一个人职业应该是褒义词。

接下来的问题是:经理人要求职业,那企业家要不要职业呢?这个问题大家一开始觉得很奇怪,因为从来没有职业企业家一说。但仔细想想,如果按照职业经理人的定义,企业家也是一种职业,他们是以经营企业、谋取利润为生。继续追问:既然经理人需要职业精神,并有相应的能力要求,那么企业家是否需要有相应的职业精神和胜任力要求呢?

大家对企业家一定要让企业赢利没有分歧——这是企业家最基本的责任,但对是否要尽"社会责任"有不同的看法。这种分歧源于大家对"企业社会责任"有不同的理解,最后大家总算对一些底线达成了共识:生产好的产品,对客户负责,营造好的工作环境,不拖欠工资,不偷税漏税,不污染环境……

但讨论在企业家的"职业能力"时,大家的看法就比较多元了。有人推崇企业家高瞻远瞩的战略思维能力,有人推崇企业家精益求精的工匠精神;有人认为企业家应该有百折不挠的坚韧精神,有人则认为企业家应该具备灵活应变的变革精神;有人认为企业家应该有使命愿景价值观,有人则认为企业家应该善于识人用人培养人。在大家的群策群力之下，一个企业家的能力素质模型很快就出来了，这些能力都很重要，大家可以对标自己做得怎么样。

企业家和经理人的区别在哪里？

听到这样的声音：企业家就是领导，经理人就是管理；企业家就是"做对的事"，经理人就是"把事情做对"。追问问题：难道企业家就不需要管理，不需要把事情做对么？很显然，领导和管理的界限并非那么清晰，正如企业家和经理人的界限也并非那么清晰，在不同的情景下，一个人可能兼备两种角色。比如说，总经理在经营企业时更偏企业家的角色，而在董事会则更偏经理人的角色。

董事长和总经理的区别在哪里？很多企业家往往身兼这两个角色，而对其中的差异浑然不觉。理论上说，董事长是董事会的召集人，往往只对董事会需要讨论的重大战略决策负责，而不能介入企业的具体运营，那是总经理的职责。但在实际商业世界里，董事长往往同时扮演总经理的角色，事必躬亲，越权指挥，总经理则成了董事长助理。董事长们往往不懂事，不做好董事长的本分工作，老是干总经理的活儿。

前段时间，王石写了一篇文章：《选懂规矩的人共事》。现在决战宝能系，他举起的大旗也是规矩和信用，这也和他的价值观一脉相承。无论是投资人还是经营者，企业家还是经理人，董事长还是总经理，懂规矩，按规矩办事，这是最起码的职业精神。

为什么成功故事难以复制？

媒体喜欢追逐成功的企业和企业家。翻开各种各样的报纸和杂志，你会看到各种各样的成功故事，这些成功故事甚至形成了一定的套路：企业家在苦苦钻研多年之后，终于找到了打开成功大门的金钥匙，而这一切归功于他的远见卓识和坚忍不拔。除了基本知名的商业媒体之外，大多数商业杂志都是这个路数。

为什么中国这样为企业和企业家做"美容"（有的甚至是"整容"）的商业媒体那么多？主要归结于两点：一方面企业有品牌宣传的需要，一方面读者有心理按摩的需要。大家都活得不容易，需要一些榜样激励一下，让我们对未来充满信心。可以说，那些成功故事是企业、媒体、读者和公关公司合谋的结果。

让我们假设这样一幅情景：在漆黑的海面上，发生了沉船事件，海面上都是尸体。救援船只举着聚光灯过来，照了半天终于发现了一个幸存者，他已经半死不活了。救援者把话筒递给那个人，问：请问你是怎么成功的？成功企业家就是那个幸存者，而媒体就是那个救援者。

对成功的崇拜是符合人性的。我们崇拜成功者，因为我们都渴望成功，厌恶失败。你去机场书店看看，大多数畅销书都是教你如何成功的，还有一些企业家通过视频传输他们的成功经验。在这个"成王败寇"的企业江湖里，"失败了所有经验都是狗屁，成功了所有狗屁都是经验"。你听到的永远都是成功者的津津乐道，而那些没有成功的人的故事你是不知道的，他们成了"沉默的大多数"。

我们把这种对成功者的过度关注和对失败者的故意漠视称为媒体的"聚

光灯效应"。那些商业的幸存者的声音被聚焦和放大，而大多数不那么成功的人的声音则消失了。一个人成功了，就会有很多媒体帮他们总结成功因素，把这些成功归因于某种特质或者行为。无论是东方的成功学，还是西方的最佳实践，其内在的原理都是相通的。有时候为了强调其成功要素的重要性，专家们甚至有意无意地夸大其作用，似乎只要做对了一件事，成功就是水到渠成的事。

明白了这一点，你就不会奇怪：为什么机场书店里各种成功学作品大行其道；为什么一个企业家做出了点成绩，就喜欢传播自己的成功经验。这些年来，大家都在学习成功好榜样，都在想如何成为下一个华为和腾讯。但那么多企业学华为，学阿里巴巴，学小米，有几个学会了？

如果我们复盘那些成功企业，你就会发现里面充满了偶然性，即便是让那个企业家重新做一遍，他也未必能获得成功。事后看，似乎这些成功的企业家个个都是高瞻远瞩的商业领袖，但当我们回到当时的原点，他们个个都在"战战兢兢、如履薄冰"。很多企业家把自己的成功于运气，并不全是自谦的话，因为运气确实是成功的一个重要因素。同样的一件事，时间节点不同，结果可能完全不同。

成功者大都有路径依赖，当他们做对件事时，往往会把这些成功归因为自己的能力，而且会高估其能力，而忽视了其外部环境的作用。一个人越是成功，这种心智模式也就越稳定，因为之前的成功在不断地给他正向反馈，他觉得这个世界本来就应该是这样的。当看上去同样的事情发生时，他们会下意识地采用以前一样的方法，但这个时候已经时过境迁，之前的做法已经不是那么管用了。

我们经常听到这样的故事：某个人凭着某项技术或产品大获成功，媒体纷纷报道，似乎他做的所有事情都是对的。但后来当他们想要继续复制其成功时，却发现之前的好运气突然消失了。这就是所谓的"成功者的诅咒"：那些让你成功的因素，不会让你继续成功，有时候甚至会成为阻碍你继续成功的障碍。

为什么会这样呢？一个很重要的原因是，成功是一连串偶然事件的集合，也是所谓天时地利人和集中起来的结果。但人们往往会把成功归结于自己的能力，而把失败归结于自己的运气。当他们成功的时候，往往会高估自己的能力，低估运气的成分。当他们再一次遇到同样的事情时，他们往往会下意识地按照同样的方式去做一遍，这个时候他会发现已经不再管用了，运气已经不再站在他那一边了。

商学院教授也很喜欢分析所谓"最佳实践"，火锅店学海底捞，手机厂商学小米，但没有一个人是靠模仿成功的。一方面是因为他们模仿的往往都不是成功的关键要素，第二是时机已经过去了。当时成功的一些外部环境因素已经发生了很多的改变，过于迷信所谓的成功实践，反而会让自己陷入刻舟求剑的窘境。

时也、运也、命也！再厉害的人也拗不过时势，这就是所谓的时势造英雄！"时来天地皆同力，运去英雄不自由。"这本是罗隐用来凭吊诸葛亮的诗句，后来被毛泽东用来点评一些历史人物。很多时候一个人的成功，并不是这个人有多么厉害，而是他因为某个偶然的因素做了某个事情，而这个事情顺应了历史。

我们从失败中能学到的东西要比从成功中多。马云大概也同意这个看法，他在创办湖畔大学时就说了：我们不学成功，我们学失败！因为成功的偶然因素很多，很难学习和模仿；而失败的原因也就那么几条，把那些最有可能导致失败的因素规避了，企业往往也就成功了。

第四节　从管理者到企业家的进化论

经理人、企业内创业者、创业者是三个物种

很多人认为做过了大公司的管理者，创立一家小公司应该不难。这是一个很大的思维误区，因为做一个大公司的职业经理人和创立一家小公司要求的能力完全不同，一个好的管理者未必能成为好的企业家。有时候一个好的管理者可能会妨碍他成为一个好的创业者，反过来也同样成立。

很多成功的职业经理人抬头仰望，看到职业发展的"天花板"。想创业，却没有这个胆量，所谓"秀才造反，三年不成"。有贼心没贼胆的职业经理人，可以考虑做企业内创业者。

"内企业家（intrapreneur）"这个词语看上去易懂，实际上却包含着复杂的关系，要理解它，就要先想清楚企业家、职业经理人这两个概念。

而要想说清楚什么是企业家，则必须说清楚什么是创业。首先，给"创业"这个动词下个定义，"创业"这个动词必须包含三个动作：第一，个人承

担风险；第二，付出持续的努力；第三，为社会创造价值。符合这三个标准并不容易。

　　雇用员工，建立了或大或小组织的创业者，就是企业家。企业家概念比较宽泛，不过要注意的是，企业家的原型，应该是规模不一定大，但至少有一定组织结构的企业的创始人。

　　企业内创业者属于准创业者。虽然内部创业的过程也付出持续的努力，而且这种努力往往异常艰苦，同时，企业内创业也在为社会创造价值，但因为是花公司的钱而不是自己的钱，企业内创业和真正的创业所承担的风险完全不可同日而语。因为缺少个人承担风险这一要素，企业内创业不是真正意义上的创业，因而内企业家不是企业家，而是特殊身份的职业经理人。

　　其特殊之处，在于内企业家在企业内部所做的类似创业的工作，其艰辛程度和一旦成功为企业创造的价值，远远高于一般的职业经理人。而他们获得的回报，也远远高于一般的职业经理人。

　　职业经理人成为内企业家，并不需要什么特别的心理"基因"。他们只要足够自信，就敢于承担这个责任。但是，"内企业家"要成功，则需要五大心理品质：战略思维、自信果敢、追求卓越、知人之智、与人为善。这也是优秀职业经理人的必备素质。

　　企业内创业比一般创业胜算高一些，但毕竟也是一种创业。据研究，新产品的失败率在40%～90%，连新产品上市都这么难成功，企业内创业就更难了。战略思维强的人，企业内创业更容易成功。

　　战略思维，由思维品质和思维模式构成。思维品质，也就是平时人们说的判断力，是战略思维的基础。一个好的头脑，加上经验，形成商业判断力。思维模式体现为一个人怎么使用自己的判断力。通过测评企业领导人才发现，具有战略性的思维模式，有三大特点，可以用三个英文字母表示：A、R 和 T，放在一起，正好是 ART，艺术。A 代表 aligned，即"目标一致性"；R 代表 resource based，即"资源敏感性"；T 代表 timed 或者 timing，即"时间感"。

企业内创业者坚决不能犯低级错误，即必须做到 aligned。他们要尽量避免犯中级错误，要 resource based，即善于利用资源，量力而行，不要冒进。最后，在 timing 方面，没人可以告诉我们如何做才是正确的，这也许只能靠运气和直觉了。

除了战略思维，追求卓越是企业内创业者的另一重要品质。追求卓越，是一种对意义感的执着，这种执着背后的驱动力，不仅源于荣誉感或者说脸面，而且源于激情和梦想。

企业内创业者需要的外部条件非常重要：第一，必须有企业家或者董事会的充分信任和授权；第二，企业家和董事会必须容忍错误和一个较长的投资回报周期；第三，财务资源必须具备。

典型的企业内创业者是这样一类人：他们不甘于过平淡的职业经理人的生活，他们希望干一番事业，并获得认可和经济回报，但是，他们的理性判断告诉他们，离开企业，从零开始创业风险重重，败多胜少。企业内创业为他们的职业成功独辟蹊径。

创业者需要具备的独特基因

什么叫创业者？第一，要冒险；第二，要付出努力；第三，要创造价值。

照这个标准来看，赌徒，冒险但不会持续地付出努力，买彩票的与此同义；抢银行，冒险而且付出努力，但不创造价值反而破坏价值。开创小企业甚至在街头卖烤白薯的都算是创业者。创业除了资金、技术、关系之外，还要看你心理上有没有准备好，这也是我们讨论的重点。

我们列出管理者的五项心理品质：与人为善、追求卓越、自信果敢、战略思维和知人之智。可以看出，教育培训所起到的作用越来越少，心理品质的要求越来越高。技术人员需要与人为善和追求卓越，销售人员要多一个自信果敢。自由职业者还要多一条——战略思维：要知道你的客户是谁，需要什么，你的商业模式怎样，为什么别人会愿意付钱。职业经理人则需要再具备一条——知人之智。这就是基础性的"五大品质"。然而更进一步，一个人能不能创业，就要看是否具备冒险精神；如果你想成为推动社会、推动时代的变革者，更要多一样：感召力。圣雄甘地、孙中山都是这样的人。

这些特质对于不同类型的人才，具体意义和要求是不同的。拿第一项"与人为善"来说，如果是学者或记者，与人为善就是不剽窃别人的成果；如果是销售代表，就是卖的东西要让人相信；如果是自由职业者或者个体户，与人为善还要体现为知恩图报，让别人能够再回过头来找你；对管理者而言，还要加上一条公正。但实际上不同立场的人会对公正有不同理解，所以每到年底发红包的时候总经理往往很痛苦；对创业者而言，与人为善意味着引领、让人追随；对变革者而言，则意味着道德典范。这样看来，"与人为善"四个字说说容易，做起来是很难的。与人为善并不是说你是个好人，而是让别人觉得你是个好人，这是有区别的。

不同级别的创业者

五项心理品质之间是可以相互弥补的，但一个人不太可能什么都不具备就取得成功。有时候人们会用褒义词和贬义词来描述相同的事物，比如对于一件事情，你可以说是"感召"，也可以说是"忽悠"。对于有心理学背景的人而言，并不在意是褒义还是贬义，最好用中性词来描述，遗憾的是汉语里中性词太少了。

对于创业来说，可以分成非创业者、准创业者和创业者。准创业者指的就是企业内创业（intra-prenuership）。

一级创业者其实就是自雇者（self-employer），如小到卖烤白薯的个体户。

二级创业者雇用他人（employer），提供了就业机会，柳传志就属于这类。

三级创业者的能量更强大，是行业创立者（industry creator），他们创造了一个行业，可以让别人在其中创业，奔驰汽车公司的创始人创造了汽车这个行业，就是这类代表。这些不同级别的创业者风险递增，创造的价值和得到的回报也递增。

"冒险精神"到底是什么？

创业者的领导力需要冒险精神。什么是冒险精神？

第一是乐观积极，能看到机会，忽视问题和失败。很多有关创业的案例和心理学研究结论多种多样，但有一点是一致的，就是很多创业者会比较盲目，好像不会想象自己的失败。

第二是心理学所讲的内控（internal locus of control）或归因（attribution），认为成败是由自己决定的。你如果喜欢将原因归于外界，怨天尤人，这种思考模式就不适合创业者。

第三是对风险迟钝，好像看不到风险。

说到创业的风险有多大，每年注册的公司有几千家，没有几家能开出发票而且盈利。有家美国政府机构 Bureau of the Census 统计了 1992 ~ 2002 年 10 年间美国公司的关门率，创立于 1992 年的公司到 2002 年还存活的只剩了 29%。虽然关门并不等同于失败，但是，研究者采访了那些关门的企业，70% 的人认为自己失败了。

还有一点是动机。很多人创业都是被推了一把。这里我们特别提到自主（autonomy）动机，它与成就、稳定、权力、关系、工作与生活的平衡并为工作背后六大动机，自主动机是权力动机的翻版，简单地说，就是不甘居人下，不愿有老板。自主动机驱使人们被动创业。还有一种被动创业是当初找不到好工作，例如李嘉诚。

由自己决定的 20%

冒险精神和自主动机是创业者的心理品质。有一位心理学研究者 Alexander Zelaznick 发现，创业者的心理和青少年犯罪是相似的——不计后果。许多心理学家基本同意这个观点。根据黑天鹅理论，很多重大成功有一系列偶然因素，事后可以解释而事前很难预测。众多大企业家奢谈成功之道，其实是一种自我服务的归因偏差（self-serving attribution bias）。只有网易的丁磊把自

己的成功归因为运气。我感觉创业成功，至少 80% 是环境因素决定的，至多
20% 是自己决定的，属于自己的因素就是前面提到的"五大心理品质"。冒
险精神和自主动机决定你是否走出创业这一步，五大品质决定你走出去之后到
底有多少胜算。也就是说，有战略思维、有知人之智、自信果敢、追求卓越而
且值得别人信任。对于职业经理人而言，值得信任这一点不像创业者要求那么
高，因为背后有公司的光环；而对一家名不见经传的新公司而言，人们就是在
看对这个人的可信度和他本人的魅力了。

　　一个成功的创业者会经历三个阶段：初创、守业、授权给别人管理。在初
创阶段，创业者要重点发挥三条品质：追求卓越、自信果敢和战略思维。到了
守业阶段，公司亚文化逐渐显现，人际关系变得复杂，就会转而侧重与人为善、
自信果敢和知人之智。

外企的"4050"如何面对中年危机

　　几位在知名跨国企业担任高层的中层干部，有的刚刚离职，有的去意彷徨。
他们都有一个共同的标签：年龄在 40 到 50 岁之间，工作履历非常漂亮，服务
过的都是知名企业，也没有财务压力。他们被称为外企高管里的"4050"族，
虽然他们没有失业的压力，但对工作的意义却有些迷失了，有些人选择了一个
新岗位，有些人则选择耗着等退休。

　　为什么这群外表光鲜的人会内心彷徨呢？一位发出心声："我旁边办公室
的公司副总裁 50 多岁了，每天都在开会做报告。如果我继续留在这家公司，
我很清楚 10 年后是什么样子了。一想到我 50 多岁了还这个样子，我还真有点

不甘心。但现在经济形势不好，我也没有更好的选择，那就先在这里混着吧，等有了好机会再说。"

用"中年危机"来形容他们的状态也差不多，那就是当他们爬上了楼梯的顶端，却发现梯子搭错了墙。他们不无失望地发现，当初他们孜孜以求的各种东西，比如薪水、头衔、名牌和声誉，其实不是那么有吸引力了。他们不再有对事业的虚荣心，对职业前途已经看得很透，想要有所改变，寻找一点有意义的事情做做，却常常有一种无能为力的感觉。

曾经，他们会有这样的幻觉：自己现在拥有的一切都是自己挣来的，头衔和金钱都是他们成功的标志。但后来他们终于看明白了：头衔和金钱并不能证明什么，哪怕你是一个跨国公司的副总裁，但在一个庞大的体系中，其实也不过是一个庞大机器中的一个部件而已，金钱和头衔也没有带来自己期望中的幸福感。用哲学语言表达就是一种存在感的缺失。

怎么办呢？有的人想到了内部突围，但他们会发现，在一个庞大的体系之中，想要做一点小小的突破，难度超乎想象。有的人想到了换一份工作，但他又很快发现，其实大多数大公司都差不多，跳来跳去也不是办法。去创业吧？太可怕了！他们也有一些朋友出去创业的，大多数都是灰头土脸，真正能够成功的凤毛麟角，这是一个危险的游戏！

说到这里，难免要比较一些外企高管和民营企业家的差别。他们看上去是职业拳手和丛林猎手的区别。在室内拳台上，有着一套完整的规则，职业拳手可能还有点优势，但在丛林博杀中，职业拳手根本不是丛林猎手的对手。外企老总的成功，很多来自于品牌、资源、系统和制度等外在因素，要是把这些光环都去掉，他们的生存能力其实不如民营企业家。

当然还有一种选择，就是选择作为专家，为企业指点迷津，或者做高管教练，为企业培养管理层。我所知的很多外企高管都在做类似的转变，而且有些做得还不错，不过这个转变也不是那么一蹴而就的，也要面临很多身份的转变。有个朋友做民营企业家的高管教练，他以前是外企的 CEO，他常常感慨：我以前的朋友觉得我现在越来越土了，这说明我做对了。

确实，在高速发展的互联网时代，组织构架在快速变化，知识技能也在快速更新。如果指望靠以前的经验和知识能够打天下，很有可能会面临碰壁。在一个快速变化的年代里，快速的学习能力才是应对变化的不二法门，而这需要开放的心态和学习的意愿。保持终生学习的习惯，这对于那些外企的"4050"高管，也是一个在职业上稳健发展的必备技能。

外企高管创业难成功

一位外企高管，四十出头，头发已经花白了。我们都在创业，偶尔都会一起聚聚，谈谈最近的进展，彼此支支招。最近一次见面，他情绪有些低落，说自己已经创业三年了，工作非常辛苦，也说不上成功，对未来有些迷茫。他曾经是一个非常成功的企业高管，创业艰难时，难免会拿自己的现在和过去比较，一比较就犯嘀咕：我真的适合创业吗？

这位高管本科毕业于国内名校，三十出头就成了一家知名跨国企业的总监，然后去美国名校读MBA，毕业后去了一家民营企业做CEO，一时风光无限好。和民企老板合作时间不长，他就萌生了创业的想法，理由也很简单：薪水虽高，但没有安全感，还是自己创业比较稳妥。说干就干！他找到跨国公司工作时的一帮同事，创立了一家管理咨询公司，很快就有了自己的第一桶金。

第一桶金赚得很轻松，他的脑子一热，觉得创业也不过如此，接下来开始大规模扩张。他搬到一个高档写字楼，招了很多高薪人士，业务线快速扩张，成本也在快速上升。不过，当初的好运气并没有持续太久，后来他的生意就越做越难了。在中国做咨询很难，很多客户看似很有兴趣地找你要方案，其实不过是在为自己做准备素材，往往很多咨询项目都是开始轰轰烈烈，结尾悄无声息。做了很多次"活雷锋"，他心里有些不爽，沮丧又无奈。

"不管你以前做得多么出色，创业都不能保证成功！"他很无奈地如此总结道，创业比当初想象的要艰难得多，以前总觉得在大公司干得那么出色，自己创业也一定能够成功，创业后才发现创业和做经理人完全是两个状态，一个优秀的经理人创业未必能成功。不少在外企和大公司颇有建树的人，厌倦了在大组织里面的官僚主义，就决定自己出来单干，但是成功者往往不多，这绝不是一个偶然现象。

为什么有些人在外企如鱼得水，一旦自己开始创业就会遭遇滑铁卢呢？除了一些偶然因素之外，是不是他们自身也有一些缺陷呢？

首先，在大公司做职业经理人与创业做老板是两种完全不同的游戏，对个人能力的要求完全不同。大公司的职业经理人有良好的品牌效应，有大量的资源支持，有一套非常完善的运作系统，他只要按部就班地管理好组织，协调好各种资源和关系，基本上就能获得成功。一旦他选择创业，他就会发现以前理所当然的平台支持和品牌效应都消失了，他必须具备企业家精神，包括过人的魄力和超凡的勇气。他就必须成为里里外外的"一把手"，什么事都得自己管，而且要事无巨细。然而，这类经理人以前往往是"专才"，而非"全才"。如果他们不能从"专才"成功蜕变为"全才"，要获得创业的成功就会比较困难。

其次，创业会使他失去知名公司职业经理人的光环及其赋予的一切。尽管在头衔上他还是 CEO，那些熟人网络也还存在，但这种人脉资源带来的价值却大打折扣了。在大公司高管的宝座上，很多人不知不觉产生一种幻觉，觉得自己结交了很多真正的朋友，但是在他创业时，他会非常失望地发现，那么多人之所以乐于跟他交往，主要是因为他的职位，而非他个人。这个时候，他想要把以前的人脉关系转化为现金回报，其实是非常困难的。

再次，职业经理人的心态很难转变。很多人从大公司出来，第一个想法就是要租一个豪华的办公室，招很多高学历的人，打造一支"梦之队"。但很快他会发现，公司的现金收入可能低于预期，高昂的人力成本会变成公司难以承受的包袱，那些高学历的人也不像他想象的那么好用。有些大公司的高管出来创业时，满以为会召集到一批跟自己背景相似的人一起创业，但他很快就会发现，虽然很多人对现在的状况并不满意，但真正有勇气出来创业的人少之又少。即便那些人一起创业，他们之前的技能也未必能在创业公司发挥多大作用。从大公司的高管转变成一个创业者，这种心态的变化是很难的，能力转化也不容易。

最后，选择创业的人也会发现，创业公司并不是大公司的缩小版，做法是完全不同的。比如说，大公司的典型做法是：先做市场调研，再研发产品，然后去寻找目标客户，并做推广；但是对一家创业公司来说，完美的计划并不存在，它们需要不断试错，不断修正之前对市场需求的设想，保持高度的灵活性。创业者就必须在"机会导向"和"坚守主业"之间不断做出选择：要先解决生存的燃眉之急，就必须去寻找并把握各种机会；要考虑公司的长远发展，必须致力于打造公司的核心业务。然而，如果你以机会为导向，东一榔头西一棒子，公司很可能永远长不大；如果你始终专注于自己的定位，心无旁骛，你也可能要冒一个大风险：你所坚信的东西未必正确，未必能保证获得未来的成功。如果一家创业公司的老板不能很好地平衡这两个方面，他往往很难成功。

领导力教练马歇尔·戈德史密斯曾说："那些过去让你成功的东西，并不会让你继续成功。"对于那些组织内部的管理者，随着职位的提升，以前的那些技能未必适用，必须发展出新的能力。随着从管理者到创业者的转变，这个规律也同样适用：那些让你成为一个优秀管理者的因素，未必能让你成为一个优秀的创业者。对于创业者而言，不管你过去多么辉煌，其实大家的起跑线是差不多的，不要因为你过去非常成功，就理所当然地认为你还会继续成功。不管你过去多么成功，你一旦选择创业，首先要做的是清零，不要认为过去的经验继续有效。对于很多高管而言，这是非常困难的。

别炫耀你有多忙，花时间深度思考

创业者们喜欢在朋友圈刷存在感。朋友圈看到创业者们发照片，展示自己团队忙碌的情形，不是周末还在加班，就是十二点还在工作，图片配的文字也很励志，不是要改变世界，就是要颠覆行业。遇到这样的创业者，我们通常只有两种判断：要么他的事业刚刚起步，要么他创业很艰难，内心很焦虑。

简单来说就是：静水深流。那些小有成就的创业者大都很低调，他们的主要精力在日复一日的经营管理中，没有兴趣对外展示他们的工作状态。就像一个有经验的马拉松选手大都很沉默一样，他们知道比赛路上会遇到很多困难，没有必要用喧哗去刷存在感，成绩会证明一切。只有那些内心空虚和焦虑的人需要用行为证明点什么，而这恰恰说明他们有所欠缺。

这就是创业"老兵"和"新兵"的区别。刚开始创业的人和刚上战场的新兵很像，他们觉得一切都很新鲜，对一切都充满好奇。他们容易高估自己的能力，以为自己真的能改变世界；低估所遇到的困难，以为给自己和团队打一些鸡血，困难就会自然消退一样。他们在朋友圈里展示的忙碌情景，往往是内心焦虑感的反应：他们不知道这些事有没有结果，只好靠忙碌证明自己没有虚度光阴。

用忙碌抵抗内心的不安，这是一种很自然的人性反应。但对创业者而言，这是一种不好的反应。创业能否成功，并不取决于你到底有多忙碌，而在于你为顾客创造了多少价值，或者你的产品满足了多少人的需求。让自己忙碌起来很容易，但如果要复盘创业者做的事情就会发现，他们忙碌的事情大都是错的。而且过度忙碌会让削弱自己深度思考的能力，而这恰恰是创业者最重要的能力！

从忙碌的节奏中解放出来，观察你周围的世界和人，深度思考世界和人性，你就会有很多全新的视角，并对自己的企业有全新的认识。企业家是企业最大的驱动力，但处理不好也可能成为最大的瓶颈。要突破这个瓶颈，最好的方法就是经常阅读和思考，让自己的思想成为驱动企业转型和成长的推动器！

为什么你学标杆却学不会？

学海底捞、学华为、学小米……最近几年，中国企业家都喜欢"学习雷锋好榜样"，学习各行各业的标杆企业。各种企业游学项目风生水起，研究这些公司的顾问也成了炙手可热的讲师，甚至这些企业的高管也成了各种培训课程的嘉宾，到处宣扬他们的"成功秘诀"。

为什么学标杆却学不会？

第一，任何成功企业都有其基因，而这个基因和创始人的愿景和价值观有关，这些价值观后来变成了企业文化。模仿一个企业的产品容易，模仿一个企业的战略比较难，模仿一个企业的组织能力则非常难。一个企业的组织能力包括其员工的态度、能力和治理体系，也就是我们经常说的"杨三角"。组织能力往往是经过多年的磨合，内生出来的。我们经常说企业的核心能力，所谓的核心并不是什么技术专利和战略，其实就是这种很难模仿和复制组织的能力。

第二，企业家们的学习方法不对。很多培训和游学，往往停留在概念和案例的知识层面，没有深入到探索内在逻辑和心智的思维层面，更没有转为和结合企业实际情况的行为层面。这也是各种演讲时培训的一大特点：培训师抛出了一个又一个时髦的概念和案例，加上演讲的口才普遍都还不错，搞得听课的企业家现场很激动，觉得学到了很多新知识，但回到公司之后，他们并没有能力把这些知识转化为行为，导致很多培训没有任何结果。

培训界有一句著名的话：听的时候很激动，事后想想很感动，回到企业一动不动。大家听到了一些新概念，也听到了一些成功概念，但并没有理解这个概念背后的商业逻辑，以及企业成功的真正原因，更没有把学到的这些知识转化为思维模式和行为模式，自然也就不会产生积极的效果了。衡量管理是否有效的标准是能够提升绩效，同样的道理，衡量学习是否有效的标准也是能否产生行为改变和结果，从这个意义上来说，很多培训课程效果很低。

还有些培训师说：只要你能从我这里听到一两句话对你有启发，就算很有用了。但这句话是非常可疑的，我们每天都能听到很多心灵鸡汤，相信这些心灵鸡汤大多数都很有道理，而且也会你一些启发，但就是不能激励你行动。因为你还不能从思维层面真正理解这种观念，更没有转变自己的心智模式，更谈不上让自己的行为发生改变了。真正的改变是全方位的，从知道到做到是一个漫长的过程，并需经过长时间的知识储备、实践和思考。

学习是一个系统化的过程。首先要建立起一个结构化的知识框架，能够把吸纳的各种信息和知识链接起来。这就是读 MBA 和 EMBA 的作用，没有受过基本的商学院训练，根本谈不上"后 EMBA"。然后要不断地建立起属于自己的思维体系，并通过不断的倾听、观察、反思和实践形成自己新的心智模式，这是一个非常漫长而艰巨的过程。最后是要结合企业的实际情况形成一个可以落地的行动计划出来，这时学习的效果才是是最大的。

第四篇

修身之法：领导力发展之路

企业之间的竞争，初看上去是市场份额和销售收入的竞争，往下一层看则是产品和服务的竞争，再往下一层看则是战略和组织能力的竞争，但这一切都可以归结于企业家和管理层的领导力的竞争。在一个技术创新加速、市场格局不断变化的年代，对企业家的领导力提出了新的要求，因此也就不难想象为什么领导力发展越来越受到企业家们的欢迎了。

根据创新领导力中心（CCL）的研究，领导力发展有三个层面组成，一个是阅读和培训，一是案例学习和经验分享，一是基于实践的反思和精进，三者的比例分别为 1 ：2 ：7。这个比例不是那么精确，而且见仁见智，但大体反映了一种趋势，那就是领导力发展不能光靠培训，更需要水平相当的人之间的相互分享，再加上实践中的反思。

私董会就是一种有效的领导力发展方法。它很好地解决了知识、案例和实践之间的鸿沟，而且利用群体教练的方法，让一群背景相当的人聚在一起，群策群力，相互支招，相互敦促，在解决具体问题的同时发展每个人的领导力，并进行深度社交，这是一种很有价值的学习方法。

第一节　私人董事会如何发展领导力

安徽黄山，一个普通的度假村里，来了十几位民营企业家。他们分处不同的行业，企业年销售额从几个亿到几十亿人民币不等。这些人的头衔不是董事长就是总裁、CEO，是公司的"一把手"，是各自公司内部最后拍板做决定的人。不过，他们这次从全国各地飞来黄山，可不是来度假的，他们来参加一项学习活动，这项学习活动的名字很特别，叫"私人董事会"。

和公司内部的董事会不同的是，参加私人董事会的学员之间没有利益关系，讨论的也不是所在公司的关键决策。他们讨论的是各自正在面对的领导力方面的难题——比如，怎么处理自己和他人之间的关系。这也是私人董事会的目的所在，它是一个领导力发展的学习手段，一群人会聚在一起，相互促进各自领导力的成长，从而促进各自企业的发展。

这些"一把手"在参加私人董事会之前，大都接受过商学院教育，也参加过咨询公司各种名目的培训。但他们逐渐发现领导力问题不是单靠学习知识和技能就能解决的，它与每个人的情商息息相关，而这主要得靠自省和行动来解决。正如做不同工作的人或多或少都会有些职业病一样，企业家们也有"职业病"，他们的病征主要体现在领导力方面。患职业病的人需要正规治疗，更需要平时对不良习惯的觉察，然后及时矫治，以达到长期保健的目的。如何觉察并矫治？同病者相"怜"，在生活中，我们看到患有相似疾病的病友聚在一起相互提醒，切磋抗病经验，那么企业家是否也能通过这种定期聚会的方式，相互诊断和支招来克服"领导力职业病"呢？在私人董事会中我们找到了答案。

私人董事会是封闭的。参会前每个人必须上交手机，由工作人员保管，并在一份保密协议书上签字，承诺对接下来要讨论的所有问题保密，不得对外披露。这种做法是有必要的，因为不签这样的保密协议，参与的会员很难畅所欲言，毕竟他们要说的很多话涉及公司机密和个人隐私。然而，私人董事会又是"开放"的，组织中没有层级观念，大家彼此直呼其名，说话也都直截了当，几乎听不到社交场合常见的客套话，更多的是相互提问和挑战，这与其他"病友会"的那种相互体恤抚慰极不相同。

主持黄山这次私人董事会的是张伟俊，他的身份是教练。他曾在多家跨国咨询公司担任过顾问，并做过一家国企的总经理。2005年，他开始给总裁们做教练的时候，国内还没有高管教练这个职业。迄今为止，他已经为数十位民企和外企的董事长及总经理提供过一对一的领导力教练服务，他所在的私人董事会小组也持续了四年多时间。

私人董事会的教练并无任何职位上的特权，他所依赖的完全是个人专业能力和影响力。张伟俊说："其实，我干的活在古罗马时代就是奴隶干的。每次古罗马将军凯旋的时候，总有一个奴隶在他耳边提醒：你只是个人！你不是神！作为教练，我的工作就是不断提醒那些自我感觉良好的总裁：'你只是个普通人，是人就会有问题！'"

我们问过很多学员：你们真觉得私人董事会能解决你们的问题么？回答大都是肯定的。按照规定，私人董事会的小组学员一年签一次约，如果不满意可以不续约。参加过私人董事会小组的企业家们续约率很高。有位企业家学员以前性格强势而暴躁，听不进别人的意见，经常骂自己的下属。参加私人董事会后，只要他一说脏话，别人就会提醒他，还指出了他在领导力方面的很多其他缺陷。由于同组学员也都是企业家，说起话来不会照顾他的面子，直戳痛处，给出的建议也比较有说服力。经过不断自省和行动，几年下来，这位企业家的个人修为提升了不少，和下属的关系比以前好多了，也交到了一些真正的企业家朋友。

私人董事会是如何发展起来的？它如何帮助企业家学习和成长？它在中国发展的现状如何？它是如何帮助企业家解决具体问题的？本小节将全面解读私人董事会的一些"秘密"。

私人董事会是怎么来的？

1957 年初秋，一个阳光明媚的上午，美国威斯康星州的 Milwaukee Valve 公司，CEO 罗伯特·诺斯（Robert Nourse）的办公室里来了四个人，他们都是其他公司的 CEO，与罗伯特是私人好友。五个 CEO 年龄相近，所在企业的规模也相差无几，他们总是定期聚会讨论一些问题。今天，罗伯特像往常聚会那样抛出了一个困扰他已久的问题，他的 CEO 朋友们开始帮他分析问题，分享自己处理类似问题的经验，为他出谋划策。接下来，又有人抛出一个新问题，别的人再给他支招。

几个小时下来，五个人都感觉很好，不仅解决了许多问题，而且找到了心灵的慰藉。罗伯特想：既然我们每个人都觉得这样的聚会很有价值，为什么不把它做成一门生意，帮助更多的企业家呢？于是，这次例行的聚会，因为罗伯特的灵光乍现催生了一种新的高管发展模式，并由此发展成了一家全球领先的领导力发展机构——伟事达（Vistage）。

伟事达把自己定义为一家领导力发展机构，而不是一家领导力培训公司。它在全球有15000多名学员，这些学员都是公司的一把手；它还有1000多名教练，这些教练无一例外也都曾是公司的一把手。这些人组成了上千个私人董事会小组，定期聚会，采用的学习模式和半个多世纪前"罗伯特五人组"并无本质不同，只是多了教练的角色，而且有了一套固定的流程。

与商学院教育的差异

私人董事会最早出现在美国，由于美国的商学院教育非常完善，公司CEO大都有商学院的学习背景，私人董事会便默认它的学员已经接受过商学院教育，因此，不再向学员们传授管理知识和技能，而是致力于学员领导观念和行为的提升。

私人董事会和一般商学院教育的另一个不同之处在于，私人董事会从不讨论那些在媒体上频繁出现的大公司案例，而是讨论学员自己的真实问题。一位学员说，三星和苹果的案例虽然精彩，但分析别人的案例总觉得有些隔靴搔痒，对解决自己企业的问题帮助不大。而私人董事会则通过分析所在企业的真实问题，兼顾反思学习和解决问题。

私人董事会的组织单位与商学院也不同。私人董事会的一个学习单位被称作"组"，商学院则主要是以班级为单位组织学习，学员虽然也会按作业或项目分成"组"，但与私人董事会的"组"不是一个概念。商学院的 MBA、EMBA 一般学习 18 到 22 个月就毕业了，而私人董事会的"组"却可以长期持续下去。在美国，有很多私人董事会小组都延续了 10 年以上。这些组的意义已经超越了普通学习群体和社交群体的意义，而成为 CEO 们人生的某种归属。

此外，私人董事会教练的角色也和商学院教授非常不同。在私人董事会里，教练通过不断地提问和引导，让企业家学员们选择要讨论的问题，相互提问和挑战，相互分享和建议，彼此敦促各自行动，来完成领导力的提升以及企业的改善。

教练在私人董事会小组讨论中的作用类似行动学习中的催化师（facilitator），其主要作用是激发学员们之间的讨论和挑战，把讨论气氛调整到最佳状态。一位教练曾戏谑说：教练在私人董事会小组讨论中的作用有点像"发动群众斗群众"：一会儿要"煽风点火"（激发大家讨论），一会儿要"凌强扶弱"（平衡大家的发言多少），一会儿还要"把握方向"（确保讨论不要偏题）。这不是一件容易的事。

因此，私人董事会对教练的要求非常苛刻，他们聘请的教练大都是卸任总裁，具备相当高的理论素养，善于人际沟通和启发他人。这些曾经担任过总裁的人因为经历过类似的困境，能真正理解私人董事会的总裁学员，而且他们在做教练之前都必须经过系统培训，熟悉讨论问题的流程和方法。

私人董事会这种学习形式在过去 50 多年里已被证明卓有成效，但在中国刚刚起步，尚处在市场教育阶段。中国目前针对企业家的主流管理教育还是EMBA和各种总裁班，强调的是名校文凭、名师授课和名人圈子。一些企业家也比较迷信"大师"，总觉得听到某个大师给点化一下，就豁然开朗了，而很少去自我反思。如果让他们交钱参加一个没有"高人指点，名师指路"的学习组织，他们往往会觉得这事不那么靠谱。

合格的学员难招，合格的教练更难觅。给总裁们做教练很辛苦，但赚得还没有一些培训师多，那些愿意做教练的人多出于个人兴趣，必须具有"利他精神"才能将这件事持续下去。

需要指出的是，作为一种领导力发展模式，私人董事会并非伟事达的专利产品。实际上，国内一些领导力发展机构也采取"拿来主义"，用私人董事会这种形式来培训企业家和企业高管，一些商学院也准备用这种模式来长期发展EMBA校友。他们对教练的要求没有那么苛刻，学习形式也多种多样，在本土化方面确实有些创新。

私人董事会是怎么"开"的?

接下来，以黄山这次私人董事会为例，介绍私人董事会解决实际问题的流程。

一开始是半个小时的热身阶段，热身是为了让学员能尽快地进入状态，找到提问和挑战的感觉。在此阶段，教练要求每位学员对自己最近的个人状态和公司状态打分，大家都很积极，以量化的方式交流了各自的现状。接着，教练要求每个人用几个关键词表达两个意思——"我喜欢的同组成员的品质是什么？""我希望同组成员改进的品质是什么？"然后，教练随机挑选出两个学员，让他们背对其他学员站着，让其他学员把他们的优缺点和需要改进的地方写在彩色粘纸上，写完后跑过去重重地贴在这两个人的背上。之后，这两位学员把这些五颜六色的纸条撕下来，当众念出别人对他的评价。有的评价是"这是一个很热心的人"，有的是"这是一个不太考虑别人感受的人"，两位学员念完评价，还要表达自己对这些评价的看法。被挑选的两个学员都很兴奋，气氛一下子就被调动起来了。

经过半个多小时的热身，看到大家都开始进入状态了，教练请大家各自提出一个眼下最困扰自己的管理问题，然后大家举手表决，在十几个问题中选出当天最感兴趣的问题，得票最高者也就成了当天的"问题拥有者"。经过两轮投票，当天的"问题拥有者"被选了出来，这次"问题拥有者"的问题是：他已经创业近二十年了，公司发展得也很好，可突然觉得工作和生活都没什么意思了，他不知道接下去该怎么办。

教练说："恭喜问题拥有者！你会是今天最有收获的人，但也会是今天最难熬的人，你要有面红耳赤的思想准备。别的学员也别觉得这事和你没关系，因为这个问题之所以被选出来，说明这是一个有共性的问题。待会儿大家在提问和建议的时候，对于在座的每个人都是一个很好的反思机会，不要浪费了时间。"

接下来，这个"问题拥有者"被要求以一个标准句式来阐述自己遇到的问题。这个句式是这样的："我如何 ＿＿＿＿？这个问题是重要的，因为 ＿＿＿＿。到目前为止，为了解决这个问题，我已经做了 ＿＿＿＿，我希望小组能帮到我的是 ＿＿＿＿。"使用这样的标准句式，是为了在下一个提问环节中别人能获得更多的背景信息，让问题变得更加清晰和集中。

"问题拥有者"很配合地用这个句式阐述了自己的问题："我如何重拾对事业的兴趣？这个问题是重要的，因为我希望我的生活更加幸福，事业也能更上一层楼。到目前为止，为了解决这个问题，我已经对我从事的事业做了很多改变，而且尝试了很多业余爱好。我希望小组能帮到我的是：如何让我在现有事业中找到更多的幸福感？"

"问题拥有者"刚阐述完问题，有两个新加入小组的学员按捺不住了，马上就要给他提建议。教练显然早有准备，扮演起"法官"的角色说："我知道你们'好为人师'，但现在不是你们提建议的时候，待会儿有的是机会。现在是提问环节，你们只能提问，他只能回答别人的提问，双方都不能破坏了规矩，否则我就叫停！"

接下来，各位成员轮流向"问题拥有者"提问，这些问题都非常具体，比如："你当初为什么选择在这个行业创业？""你在公司的股份有多少？""你们公司的几个合伙人都是什么背景？""你们公司目前在行业内处在什么位置？""假如你再去创一次业的话，你会选择哪个领域？""你和你妻子感情关系好吗？""你有什么业余爱好？"

所有的问题都直截了当，"问题拥有者"也一一作答。如果有人中间打岔或跑题，教练会及时打断。在提问过程中，其他学员们扮演的是记者的角色，"问题拥有者"扮演的则是受访者的角色，问题质量会直接决定回答质量，因此教练必须经常引导问题的走向，确保能让问题进一步深入。而每当有人提出一个有挑战性的问题时，其他成员都会鼓掌叫好，"问题拥有者"也会说，"这是一个好问题"，然后耐心地回答问题。

　　提问环节持续了一个多小时。提问环节是私人董事会小组讨论中最有价值的部分，因此时间一定要给足。在上一个"阐述"环节中，"问题拥有者"的问题是比较空泛的，思路也不甚清晰，没有找到问题的本质。而到了这一环节，学员们的"提问"类似于抽丝剥茧，剥开了问题的层层表象，帮助"问题拥有者"弄明白自己真正的问题所在。

　　进入下一个"澄清"环节。教练问"问题拥有者"："你需要重新阐述一下自己的问题么？""问题拥有者"说："是的！"他重新阐述的问题已经和他第一次阐述的问题有了明显区别，变得更加清晰和具体了，甚至问题的性质也变了，他的问题变成了："我如何在现在的工作中找到乐趣，并找到工作和生活的平衡？"

　　教练说："好吧，现在问题清晰了，我知道你们中间有人早就想提建议，都憋了一个多小时了。"他指着两个刚才急于提建议的新成员说："现在你们不用再憋了，开始给他提建议吧，不过不要'大而化之'，最好是有你自己的经验和教训，越具体越好。"

　　有趣的是，教练让大家发言了，一开始要想给别人"上课"的人却沉默了。其他学员也没有讲大道理，泛泛而论去教导"问题拥有者"应该怎么做，而是告诉他自己当初遇到类似困境时是怎么做的。有个学员说："我当初也有段时间对事业没兴趣了，当了一年多的甩手掌柜，什么事也没干，跑到全球各个地方去玩，还去过赌场赌钱，直到玩得有些无聊了我才回来。等我回到公司时，发现公司没了我做得也还不错，而我也重新找回了对事业的兴趣。"

　　如此开诚布公，大家说话也都越来越放得开了。这还得要感谢开会之初签下的保密协议，如果没有当初这份保密协议，学员们说话不会如此坦诚。有几个成员在说起自己过去的经历时，眼中都闪着泪花，他们说有些个人隐私连跟自己的老婆都没说过。有位学员事后告诉我，这种掏心窝子的分享，使得大家能一起来反思"问题拥有者"提出来的问题，不仅对自己有了新的认识，彼此的心也贴近了。

最后，轮到"问题拥有者"发表感言，他要总结自己在今天的讨论中最大的收获是什么。在经历了两个多小时的"狂轰滥炸"之后，"问题拥有者"果然有些面红耳赤了，他说："今天听到那么多肺腑之言，我非常感激。刚才大家向我提问的时候，我也在不断地反思，我怎么就对事业没兴趣了呢？当大家给我建议的时候，我才发现这不是我一个人的问题，大家的建议也给了我很多启发。我决定回去后休一个月的假，去全球各地看一看，休息一下，开阔一下眼界，等我回来之后，或许我就知道自己要做什么了。"

这时，教练告诉各位学员："这个问题今天还没结束。刚才'问题拥有者'也说了回去之后会怎么做，在下次小组会议开始的时候，他得向大家报告一下他做了什么，而不只是说说而已，以确保我们今天的讨论是有实际价值的。"到此，一个完整的私人董事会小组的讨论才算真正结束，耗时已近四个小时了。但学员们意犹未尽，纷纷表示要做下一个讨论时的"问题拥有者"，这样的讨论会在两天的私人董事会重复多次。

在黄山举行的为期两天的私人董事会结束了。离别时，很多学员的脸上都流露出不舍的表情。一位学员和某"问题拥有者"握了握手，开玩笑说："这次问你的问题太温柔了，下次一定给你来几个狠的！"两个月后，他们将再一次聚首，讨论下一个"正在发生的案例"。

附：私人董事会讨论问题的参考流程

一个典型的私人董事会小组讨论问题的流程有 8 个步骤：

◆ 1. 提案。每个学员都必须提交一个自己正在面对的真实难题。

◆ 2. 表决。由学员举手表决选出一个大家都感兴趣的问题。

◆ 3. 阐述。由选出来的问题拥有者用固定的格式阐述问题。

◆ 4. 提问。由小组成员向问题拥有者不断发问，挖掘背后细节。

◆ 5. 澄清。问题拥有者重新修正自己面临的问题，使之更清晰。

◆ 6. 建议。学员分享自己的经验，为问题拥有者提出具体建议。

◆ 7. 总结。问题拥有者总结陈词，阐述接下来需要采取的行动。

◆ 8. 回顾。问题拥有者在下一次聚会时报告他所采取的行动。

私人董事会为何有效？

私人董事会为什么在欧美广受欢迎？有些私人董事会小组为什么能几十年不散伙？分析其原因，在于它同时满足了企业家学习发展和情感交流的需要。

私人董事会的定位高端，它只针对企业的"一把手"，满足了很多CEO"物以类聚、人以群分"的身份认同，和许多论坛和沙龙形成了鲜明的对比。为了强化这种价值的稀缺感，它采用了相对封闭的组织形式，甚至制定了以下规则：一个私人董事会小组最多20个人，除非有人离开这个小组才能增补新人，新人的加入必须得到所有学员的同意。如果某个学员不能给其他人带来价值，学员们可以通过投票表决的方式让他离开这个小组。

从学习模式上来说，私人董事会中的教练在进行小组讨论时的角色和行动学习中的催化师在职能上非常接近，他们并不是某个行业或职能领域的专家，也不负责知识和技能的传授，只是主持小组成员的讨论。他们的角色就像facilitator 这个词的英文本意一样，激发但不主导学员们的讨论。不过，私人董事会和行动学习的目的完全不同，行动学习主要是为了解决企业内部的实际运营问题，而私人董事会则要解决企业家的领导力问题，而且私人董事会的教练还要负责给企业家做一对一的教练辅导。

私人董事会把一群具有相似背景、面对相似问题的企业家聚在一起，通过"互照镜子"的方式，了解自己的优势和劣势，提升自己的领导力和企业的业绩。

在私人董事会的学习模式中，我们也能发现一些儒家思想的影子。比如私人董事会经常强调，企业的问题都是领导者的问题，所以领导者要经常自我反思。这个观点和孟子的"反求诸己"的观点有异曲同工之处，孟子曰："仁者如射，射者正己而后发，发而不中，不怨胜己者，反求诸己而已。"这段话是说，实行仁政，就好比射箭，射箭的人要先端正自己的姿势然后才发射；发射而没有射中，不能埋怨胜过自己的人，只要反过来找自己的问题就行了。此外，私人董事会对领导者的内心挖掘和王阳明的"心学"也有相近之处，二者都认为领导者的内心问题才是很多问题的本源，因此要向内求，而不是向外求。

也正因为私人董事会对领导者内心自省的要求特别高，大多数私人董事会小组讨论的问题都不是什么企业运营的战略和战术问题，而是企业家自己面对的人心问题。在私人董事会小组的讨论过程中，我听到最多的词就是"使命"、"愿景"和"价值观"。这些词放在别的场合中讨论会略显空洞，但在私人董事会里讨论显得很契合，因为这些话题更接近于"道"，而不是"术"，它们和企业家的初心息息相关，更容易引起企业家们的共鸣。

私人董事会小组大都有一次机会专门讨论所在小组的价值观。这些企业家的自我都很强大，教练如果直接告诉他们应该遵守怎样的规矩和价值观，他们必定不会接受，而且会反感这种说教，他们只会相信自己讨论出来而且真心认同的价值观。关于价值观的讨论不仅让大家对价值观的形成有了重新认识，而且也确定了私人董事会小组的讨论规则。

我们参加过多次讨论核心价值观的私人董事会小组，其中有一组，用了整整一个下午，十几个私人董事会的学员们聚在一起只讨论一个问题——我们这个私人董事会小组应该坚持怎样的核心价值观？十几个学员被分成三个小组，每组讨论大约十五分钟，每个人都被要求用几个词来描述他认可的价值观，并要求在小组内部达成共识，然后三个小组被重新打乱重新组合成三个新的小组继续刚才的讨论。如此循环三轮，确保所有成员都有机会了解和交流彼此的想法，这时各个小组离达成共识也比较接近了。

小组讨论的过程非常激烈，参加私人董事会的总裁们大都性格强势，我们见过两个学员为用"信任"还是用"开放"来描述自己的价值观而吵得不可开交。教练在此过程中不时地扮演"法官"角色，明确讨论规则，同时适时地启发引导，并告诫大家要多倾听。一位企业家说道，以前在公司里都是他说了算，在听下属汇报时，也只听得进自己想听的内容，因此在刚开始参加私人董事会小组讨论时很有些不习惯。

那次有关价值观的讨论，持续时间长达两个小时，每个小组都要派一个人上去阐述自己小组达成的共识——我们小组的核心价值观是什么？经过个人、小组、大组的反复讨论、争辩和切磋，大家都认可的核心价值观慢慢呈现了出来，其中有四个词被重复得最多：信任、关怀、挑战和成长。可以说，这四个词反映出这个私人董事会小组的"共同意志"。

听完学员们的阐述，教练像变魔术一样，拿出一张海报，海报上画着一个等边三角形，三角形中间写着"成长"，而另外三边则分别写着"信任"、"关怀"和"挑战"，这与大家刚才讨论的结果完全一致。这正是伟事达在创立私人董事会模式时确定的核心价值观——参加私人董事会的目的是为了成长，而要让成员们聚在一起讨论，彼此的信任是基石，为了让大家能够有所收获，怀有善意关怀的挑战则是重要的学习手段。

只见教练神情诡秘地问在场学员："大家不觉得这个'价值观三角形'很面熟吗？你是否注意到，前面几次大家讨论的时候它就贴在我们旁边的墙上？"众人恍然大悟。的确只有经过团队成员认真地讨论，价值观才能给人留下印象，也才能内化为大家内心真正相信的东西，而且这种价值观永不过时。

教练进一步启发大家："诸位公司里也有很多标语，也就是你们的价值观，你们是如何得出这些价值观来的呢？"大家认识到大多数企业的价值观都是老板拍脑袋拍出来的"个人作品"，并不能反映绝大多数员工的共同志向，因此哪怕文字再优美，挂在墙上的位置再醒目，也不会融入大家的心里去，也没有人真心相信。

经过整整一下午的讨论，学员们不仅对所在小组的价值观达成了共识，而且重新反省了自己公司的价值观。有位学员告诉我："我们公司也有很多标语，都是我想出来的。我回去要干的第一件事，就是把这些标语撕了。我还要把高管组织起来，讨论一下我们公司的价值观，确保这些价值观能反映大家的共同意志。"

　　"我回去要干的第一件事"，这位学员所说的一个"干"字体现出私人董事会最重要的价值，即行动的价值，这也是私人董事会和其他领导力发展模式的重大差异——确保思想能落实到行动，并带来切实的改变。这个"干"字也嵌入了私人董事会学习流程中的"回顾"环节，每次小组会议时，会员必须向大家报告他这段时间采取过哪些改进行动。而这个"干"字也符合王阳明所倡导的"知行合一"，从"行"中获取"知"，以"知"引领"行"，知是行之始，行是知之成。

第二节　私人董事会方法论

私人董事会有什么用？

最近私人董事会比较火，很多商会和协会都在引入这种形式，还有人认为这是继 EMBA 之后企业家要"混"的"圈子"。商会和协会想要用私人董事会加强会员的归属感，为会员提供更多价值，这些都是应有之意，但参加私人董事会真的只是"混"一个"圈子"吗？

不可否认，私人董事会有增强组员之间感情的作用。企业家都是孤独的，私人董事会把一群孤独的人聚在一起，"掏心掏肺"地讨论只有他们感同身受的问题，确实能在情感上找到慰藉，很多参加了私人董事会的企业家都成了好朋友。但这只是私人董事会的副产品，并不是私人董事会的核心功能，也不是其初衷。

还有咨询机构把私人董事会当作解决问题的一种方式。的确，私人董事会也有解决问题的功能，其"八步流程"让十几个企业家的智慧聚焦在一个小问题上，往往能让每个人都有一种茅塞顿开的效果。其原理也和麦肯锡的解决问题"七步法"有异曲同工的地方，能够解决企业家的具体问题，这一点参与者也都有共识。

不过，由于每次私人董事会都只针对一个问题讨论半天时间，尽管有前面的准备时间，但毕竟参与者对这个问题的背景了解是不充分的，很难指望大家能通过半天时间给出一个具体的方案出来，否则就没咨询公司什么事情了。私人董事会和公司正式的董事会的另一个不同的地方在于，它无需为决策结果承担责任。

那私人董事会的核心功能是什么？这要从其英文原意说起。私人董事会的英文是"Peer Advisory Board"（直译"同僚建议董事会"），把一群具有相似背景、面对相似问题的企业家聚在一起，通过"互照镜子"和"相互建议"的方式，提升企业家的领导力，以及决策的科学性，它的核心功能是发展企业家的领导力。

当然，发展企业家的领导力不是泛泛而论，其方法论就是讨论并解决问题，而且中间使用了大量群体教练的技术，还需要采用咨询模型提高讨论质量，甚至还需要针对参与者做一些简单培训。概括来说，私人董事会融合了教练、咨询和培训三种方法论，作用是帮助提企业家提升领导力，是一种新型的学习方式。

为什么私人董事会能够发展企业家的领导力？因为一个人要发展自己的领导力，70%来自于有挑战性的工作，20%来自于同伴的经验分享，10%来自于课堂和阅读。依照这个理论，商学院教育只能解决领导力发展中10%的问题，私人董事会则侧重于解决那20%的问题，并彼此敦促解决那70%的实践问题。

如果用健身房来作为比喻的话，提升领导力就像一个人练肌肉，他必须自己亲自操练，通过有压力的运动才能成功，这个是没有任何人可以替他做的，光知道如何去做也是不行。这个过程中，如果能有一个私人教练给予一些科学辅导，或者能有一群朋友相互鼓励或者建议，可以让他更快、更愉快地达到目标。

同样如此，一个人的领导力也不是天生就很发达的，他必须通过反复的训练才能得以改善，这个过程他必须经历很多压力和挑战。在这个过程中，教练可以帮助他更好地训练自己，同伴则会让他更有信心坚持下去。私人董事会通过挑战性提问和同伴经验分享，强调学以致用、知行合一，从而推动领导力的提升。

这就是私人董事会的作用。如果一定要排序的话，其首要目的应该是发展领导力，其次是解决实际问题，最后才是交知心朋友。这个次序不能反过来，否则就会走样，变成另一个"咨询工作坊"，或者另一个"企业家圈子"了。

私人董事会的本质是什么？

私人董事会的首要作用不是解决问题，而是发展领导力。很多人对这个观点并不认同，认为发展领导力太虚了，解决问题才有价值，甚至有人调侃说，凡是不能解决问题的方法都是耍流氓。这篇文章就是为了回应这个质疑，为了让我们的思考更有深度，我们需要反思私人董事会的本质是什么。

坦诚地说，虽然私人董事会有解决问题的价值，但由于准备和讨论时间都有限，对问题解决的深度和系统性是不充分的。你要指望一群对你了解并不深入的 CEO 在几个小时的讨论之后给你一套完整的解决方案？十有八九你是要失望的！他们所给的建议更多的是个人的经验和感悟，能够直接拿来用的并不多。

私人董事会价值最大的环节在于提问部分，而不是建议部分。为什么？每个问题都代表一种思考的视角，一个未经专业训练过的人的思考视角很少超过三个，但在私人董事会里，十几位 CEO 同时向你发问，这意味着同一个问题，你有机会从十几个视角去看，这个时候往往会产生一些参与者都意想不到的效果。

每个人都有自己的局限性。一个有丰富人生阅历的 CEO，在思考问题时往往已经形成了一定的套路，这种套路让他很容易做出决策，但也容易遮蔽其他可能性。这个时候，利用一套讨论问题的流程，让一个问题充分被展开，这时候你会发现问题背后的问题，当你直抵问题核心的时候，其实答案已经呼之欲出了。

提问的过程就像剥洋葱，一个好问题就像一把锋利的小刀，能够发现问题背后的问题，甚至抵达人的潜意识层面，发现他自己都未曾预料到的问题。我们的经验是，很多问题在经过一连串高质量的提问之后，才发现这是一个伪问题，真正的问题可能是那个人之前都没有意识到的，也就是进入一个人的潜意识层面。

私人董事会的本质就是对话。通过参与各方的对话，让每个人进入反思的状态，从而发现自己思维的盲区，拓展自己思维的视野，从而抵达问题的核心。在这个过程中，那个问题更像是一个道具，它起到了能够激发大家思考的作用，当大家开始深度思考这个问题的时候，往往每个人心中都有了自己的答案。

对这一问题心理学早有解释。"约哈里之窗"把人的认知分为四个象限：自己知道别人也知道的，自己知道但别人不知道的，自己不知道但别人知道的，自己不知道别人也不知道的。通过对话拓展一群人的认知边界，发现各种新的可能性，从而达到醍醐灌顶的作用，这也是一个人提升领导力的一种重要途径。

管理大师彼得·德鲁克说："最重要、最艰难的工作从来不是找到对的答案，而是问出正确的问题。因为世界上最无用，甚至是最危险的情况，就是虽然答对了，但是一开始问错了。"一个好的提问应该像一把利斧，它能劈开脑海中冰封已久的成见，让我们看到其他的可能性，甚至是直抵问题的核心所在。

一个善于提问的人，会刻意保持一种"自觉无知"的状态，就像苏格拉底所说的那样，"我只知道自己一无所知"。只有让自己保持一种无知的状态，才能发现问题背后的各种可能性，很多创新者也会经常让自己保持这种状态，问自己一些看上去很基本的问题，但也正是这些看似简单的问题，推开了另一扇窗户。

明白了私人董事会的本质，就不会为方法或流程所纠结了。比方法更重要的是，这些方法背后的本质是什么，是否还有别的可能。就像练太极一样，初级阶段一定是练习各种基本功，当你到达一定阶段之后，要做的是忘记招式，融会贯通，见招出招，因时而变，只有这样才能达到一个新的高度，才能有所创新。

私董会主持是什么角色？

私董会在中国发展这些年，对于私董会的主持人这个角色，不同组织有不同的叫法，有叫主席的，有叫教练的，有叫私董的，有叫领教的……这些名字要么容易让人误解（比如主席和教练），要么让外行人听不懂（比如私董和领教）。那么，私董会的主持人到底在私董会中扮演什么角色呢？

给私董会主持生造一个名词的说法（比如"私董"和"领教"），确实没有一个现成的汉语能精确描述这个角色。"主席"这个词太"高大上"了，很容易让人想起"董事会主席"，但实际上他的权力远没有那么大。"教练"这个词又有些泛滥了，很容易让人想起各种各样的教练技术，现在随便读过几天教练技术课程的人都称自己是教练。

归根到底，私董会主持就是那个组织并引导大家讨论的人，最贴近这个英文词的中文翻译还是"主持"。但这个词也容易让人误解，以为是节目和论坛主持人的角色，其实完全不是那么回事。考虑到中国禅宗和道教的都有"主持"（又称住持）这个角色，而私董会主持和这个角色有很多共通之处，因此也可以叫这个角色为主持，也就是英文中的 Chair。

把名字确定好了，那接下来就要解释私董会主持到底扮演什么角色了。一个好的私董会主持至少要扮演好四种角色：召集人、主持人、引导师和总裁教练。毫不夸张地说，私董会主持是这个私董会小组不可替代的灵魂人物，大多数参与者都是冲着私董会主持的个人魅力来的，他是组织的召集人，也是活动的主持人和引导师，也是一个优秀的总裁教练。

私董会主持的首要工作是要能把一群对的人召集过来。这需要私董会主持和参与者一位位沟通，吸引他们能够参与进来，组织大家讨论，形成小组统一的价值观和行事法则。为了优化组织成员的品质，他甚至还要扮演"恶人"的角色，把那些做出了不符合组织价值观行为的企业家劝退。召集工作非常耗时耗力，而且对私董会主持的情商要求很高。

把一群对的人组织起来之后，私董会主持在私董会对话中扮演的角色是主持人和引导师。私人董事会本质上是一个企业家对话和学习的道场，为了激发高品质对话的产生，私董会主持需要营造一个"场"（field）。要催生一个优秀的"学习场"，一方面依赖于私董会主持的个人魅力，也需要一定的引导技巧和控场能力，这些都需要反复训练才能做到。

现在很多组织强调私董会主持的主持人和引导师的角色，因为这最容易被感知和学习。需要说明的是，主持和引导应该不限于流程和方法。对于一个入门级的私董会主持而言，流程和形式可以让他容易进入状态，确保他完成任务。但对于一个优秀的私董会主持而言，他完全可以不拘泥于流程和形式，利用各种方法营造生发智慧的"对话场"。

私董会的最大价值不在于解决问题，而在于发现和厘清问题。同一个小组的企业家给问题所有者的建议能给他一些启发，但毕竟这种建议更多来自于每个人的生活经历，本身未必具有很强的针对性。因为要真正解决企业家的实际问题，私董会教练还需要和企业家做一对一的总裁教练，甚至要带着企业高管做工作坊，帮助他们解决问题。

一个优秀的私董会主持一定是个修炼者。不管他以前他是企业家也好，是企业顾问也好，是管理学者也好，一旦他决定要成为一个私董会主持，他就走上了不断修炼的道路。只有那些自我不断修炼的人，才有能力带着一群企业家激发对话，生发智慧，达到禅宗里面提到的"直指人心，见性成佛"的境界。

私人董事会的提问艺术

对话是一门古老的艺术，很多经典都是用对话体写出来的，最经典的包括柏拉图的《理想国》和孔子的《论语》，不过这两种对话的风格完全不同。

同样是对话，东西方的方式和风格却迥然不同。《论语》里的对话经常是孔子的学生问问题，孔子回答，而且是出口成章，都是一些经典论断，某个学生问了孔子一个问题，孔子非常权威地回答了他，学生毕恭毕敬地记录下来，这些文字就这样成了影响两千多年的儒家经典。

再看《理想国》里的对话，经常是苏格拉底问市场中遇到的各色人等。苏格拉底被认为是一个有智慧的人，但他的问题经常让人觉得很天真，反正他就是不断地提各种各样的问题，直到对方得出一个让他满意的答案为止。他有一句名言：其实我一无所知。很多人认为他是在谦虚，但我认为这是一种真正的大智慧。

孔子和苏格拉底都是有大智慧的人，从这两种对话方式能看出两种文明的思维模式的差别：儒家文明更倾向于遵从权威，希腊文明则倾向于质疑权威。对权威的遵从造就了两千年中华文明的稳定延续，而对权威的质疑则催生了现代科学。

很多中国企业家的思维模式是，他们太喜欢给别人提建议了，甚至有人认为自己是唯一正确的。这种"好为人师"的习惯是他们从小养成的，从小听多了各种权威的说教，一旦小有成就，就难免习惯于摆权威。

一个企业家有一次提出了一个问题，在提问环节，很多企业家忍不住用提问的方式给了他很多建议，多用的问题方式是：你为什么不这样呢？我觉得你应该那样，对吧？

　　这和私人董事会的初衷已经完全不同了，这场私董会的主持人也是不合格的。私人董事会的初衷是为企业家们营造一个"学习道场"，学习的第一步就是要放下成见，认真倾听和思考，从不同的角度提问去启发他人，克制给别人提建议的冲动。私董会主持人的角色是如何激发他们更有效地思考，而不是给出答案。

　　私董会主持人的角色和苏格拉底非常相似。虽然苏格拉底非常有智慧，但他坚称一点：其实我一无所知。他未必真的不知道，只不过他是在用提问的方式来激发大家的讨论，就像一个助产士一样，让智慧得以自然呈现。对话是一门古老的艺术，高质量对话会营造一个学习道场，唤醒每个人深藏在内心的智慧。

　　企业家们都很务实，他们最关心的问题是：你能解决我的什么问题？

　　不过，这种思维定式本身就存在一个误区，你选择的那个问题是一个真正的问题么？问题都问错了，给你答案有什么用？！

　　私人董事会最有价值的环节是提问。一个好的提问能提供一种不一样的视角，启发别人找到另一种可能性。在私人董事会里，每一个参与者提供一种视角，就有了看问题的十几种视角，这样对人的启发价值是非常大的。

　　不过，提出一个好的问题并不容易。很多人太喜欢给建议，哪怕是在提问环节，通常也是以伪装成提问的形式来给建议的。苏格拉底是一个提问的高手，他经常说："其实我一无所知"。正是因为这种"有意识的无知"，可以让他对各种未知的可能性保持开放的状态，从而达到从"无知"到"有知"的可能。

第三节　利用私人董事会解决问题

有计划地随遇而安

　　龙文是一个典型的成功人士。他哈佛大学MBA毕业后去麦肯锡工作了五年，33岁就已经是一家跨国公司中国区的CEO，他拥有钟汉良一样的俊朗外表，全程马拉松成绩在三个半小时以内，去过全球很多国家，拥有一个幸福的家庭，有两个聪明漂亮的女儿。他是很多男人眼中的事业模范，很多女人眼中的"别人家的老公"。

　　在一次私董会上，他提出了烦恼："我如何规划未来五年的人生目标？"大家都对这个问题很好奇："你的人生规划得如此之好，还在为这样的事情发愁？"很自然地，他被选为"问题所有者"，大家开始提出各种各样的问题。参与者都受过专业的教练训练，问题自然大都围绕人生规划展开，就像很多"人生教练"一样。

　　几轮问题下来，大家发现其实他已经想得很清楚。清晰到什么程度呢？这么说吧，他把人生目标分为四个维度，职业、投资、家庭和健康，每个维度都有非常详细的量化指标。比如说，公司五年后销售额要突破10亿，每周至少跑步4次，每次10公里，每天至少陪孩子30分钟，每年至少单独旅行一次，和妻子结伴旅行一次，带着孩子再去旅行一次……

有个小伙伴着急了：你的人生规划像机器一样精确，还需要我们给你建议？你这是在炫耀你的人生规划吗？龙文急忙说：还真不是这样，我之所以提出这样的问题，是因为我本人对计划本身就有些怀疑。我这能实现这些人生计划吗？我的人生需要那么缜密的计划吗？

龙文讲了一个自己的故事。前几年他和妻子去欧洲旅行，临行前准备了一份详细的旅行攻略，这个攻略详细到什么时候到哪个地铁站，出地铁站后左转还是右转的地步。虽然旅行攻略已经做得很完美，但那次旅行还是让他们很有挫败感。他们原计划去毕加索美术馆，结果到了之后发现这家美术馆在翻修，需要关门半年的时间，为此他觉得非常懊丧。

说到这里，大家才发现龙文的问题不是没有计划，而是计划过度。这也是很多"成功人士"的共同特征，他们从小就喜欢做计划，做事情喜欢有明确目标，而且目标要符合SMART（管理中对目标的五个衡量标准：明确、可衡量、可实现、相关性和时间限制）。他们有计划性，因此更容易实现目标并获得成功。如果他们发现事情进展偏离计划，他会有一种失控的焦虑感。即便是对于旅行这样的事，他们都要计划得井井有条，甚至到了无趣的地步。

在商界，这样的"成功人士"比比皆是。他们擅长用左脑思考，凡事讲究目标和逻辑，生活中偏向于计划和控制，面对生活的一件事情，他们会经常问"它有什么用"，而不是"我的感觉如何"。在他们看到，感觉不符合

SMART法则，如果一件事情是无法预期的，他们就会不安。这种对计划和目标的执着也在"毒害"他们的生活，他们会因为目标未能达成，会对未来预期的不确定感而倍感焦虑，而他们的家人则会认为他们的生活非常乏味。

其实，人生就像一段旅程，很多事情是无法预测的。你可能有一个大体目标，但在实现这个目标的路上，你有很多无法计划和预期的事情发生。如果你更在意过程中的感受，而非达成计划的目标，你往往会变得更加快乐，甚至会有一些意想不到的新鲜事发生。"不悔过去，不惧当下，不忧未来"，这样的人生态度往往会造就更加丰富多彩的人生体验。

经过朋友们的"关怀式交锋"，龙文也颇有感触：以前我总觉得我很聪明，我能掌控我的生活中的一切，但经过今天的对话，我发现有时候没必要那么聪明。放松一点，面对生活中的各种不确定性，而不是试图要控制生活中的一切，不仅让我感觉好多了，而且也让我周围的人不会那么紧张，保持"有计划地随遇而安"，是我接下来要努力追求的目标。

做的什么事，安的什么心

刘建是私董会成员，在他的办公室里发现了两幅字，分别是：做的什么事？安的什么心？他的工作非常忙碌，他希望用这两幅字经常提醒自己，不管自己多么忙碌，也不要忘记了自己做事的初心，以及当下所做事情的真正意义，唯有"不忘初心，方得始终"。

彼得·德鲁克有句名言："What is your business？（你在做什么事情？）"经常有企业家去拜访德鲁克，希望他能帮助他指点迷津，德鲁克问的第一个问题就是：What's your business? 这个问题初听上去很"天真"，人怎么会不知道自己在做什么事情呢？！不过对这个问题思考越深入，就会发现这个简单的问题其实一点也不简单！

为什么这么说呢？这个问题其实是对商业本质的思考：你提供的到底是什么价值？对这个问题的回答往往能看出一个企业家的视野和格局。比如说你问一个媒体总编：What's your business? 他可以这样回答：我在编一本好看的杂志；也可以这样回答：我在生产和转播商业智慧以推动变革。很明显，做出第二个回答的总编明显要比第一个总编格局大得多。

受德鲁克的启发，我在给企业家做一对一教练时，也经常用这个问题开始我们的对话。企业家们往往开始一愣，觉得这个问题太简单了，开始侃侃而谈。但当我要求他用一两句话来回答这个问题时，他们就陷入了沉思，发现这个问题并不是那么好回答。很多人往往停留在正在做的事情本身上，而对事情的核心价值缺乏认知，因此思维也是局限性的。

为什么要用一两句话去描述你的业务呢？原因也很简单：如果你不能用一两句话把你的业务和价值说清楚，要么说明你对自己的业务了解还不够透彻，要么说明你有太多妄念，以为自己无所不能，这样的企业往往不能取得成功。把一件简单的事说得很复杂不难，难的是把一件很复杂的事情说得很简单。简单逼着你逼近事情的本质，这就是简单的力量！

大道至简！无论是做企业还是写文章，能够用一两句话把事情说清楚，都是一种非凡的能力。在这个信息过载和异常忙碌的年代，我们太容易被各种纷繁复杂的信息所遮蔽，而失去了这种简化问题的能力。如果一个作者的文章不容易被别人理解，那说明作者想得还不够透彻。同样，如果一个企业家不能用一两句话说清楚自己的业务，那也说明他还没想清楚。

为什么愿景和使命对于一个企业如此重要？因为愿景就像一艘轮船的海航地图，决定一个企业的目标和方向，而使命则是这艘轮船的引擎和尾舵，决定了这个企业的驱动力。结果是由一系列行为产生的，行为往往是由观念驱动的，而观念则是由其心智模式决定的，而心智模式往往是由其观念、行为和结果塑造的，这四个要素构成了一个彼此影响的闭环。所谓心智模式通俗点说就是："为什么你会这么想？"禅宗的表述则是："安的什么心？"

在这个大变局的时代，很多企业和组织都在创新求变，我也希望企业家和高层管理者们经常反思这两个问题：做的什么事？安的什么心？不同的回答能看出回答者格局的不同，这也决定他们能走多远。

我如何信任那个能干的副总？

阿伦是一个典型的富二代，他父亲是一个知名的企业家。不过他很不喜欢这个称谓，更喜欢别人叫他"创二代"。这样说也是有道理的，他大学毕业后并没有进父亲的企业，而是选择了自主创业。他的第一份工作就是总经理，下属员工基本上都比他年纪大，经过四年的艰苦创业，企业已经初具规模。

阿伦是一个专门针对二代企业家的私人董事会的小组成员，同一小组的成员都是和他背景相近的二代企业家。他平时说话不多，但在上个月的私人董事会上，他却一反常态地多次拉票，强烈要求自己成为那个"问题所有者"。他的问题也确实很有意思："我应该如何信任公司最能干的副总经理？"

这个问题的背景是这样的：两年前，他从竞争对手那里挖来一个业务骨干，委任他做公司的副总经理。那个副总经理确实很能干，过来不到半年就让公司的业务有了很大改观，还带来了几位以前的同事。阿伦承认他的贡献，但总是心里有些不踏实：要是他哪天把这个团队都带走的话，我应该怎么办？

问题一提出来，小组成员立即沸腾起来了。这个话题在二代企业家中具有一定的普遍性：他们大都很年轻，阅历和经验都不是很充分，好不容易找来了一个得力助手，让公司管理变得规范化起来，但他总有一种隐隐约约的不安全感，担心自己在公司的重要性下降，担心自己这个人太强之后对自己不利。

问题到底出在哪里呢？大家逐一开始提问，下面是部分问答的实录：

"他已经做了让你不信任的事情了吗？"

"还没有。"

"那你为什么会认为他可能会对你不利呢？"

"他经常反对我的决定。"

"事实证明，他的意见有多少是对的呢？"

"大多数时候他都是对的。"

"他有过想要带着团队离开的征兆吗？"

"暂时还没有。"

"他能力很强，对你也还算忠诚，那你担心的是什么呢？"

"他有能力伤害我。"

"那他怎样做你就放心了呢？"

"听我的话就行了。"

"即便后来证明你的决定是错误的也是如此吗？"

"这个……"

"你和他沟通过你的期望值吗？"

"这个话题不好说。"

"你觉得这到底是谁的问题呢？"

"好像是我的……"

这样的一问一答还有很多。经过这种抽丝剥茧的提问，大家很快就弄明白了问题的本质所在。虽然小组成员对那个副总经理并不了解，但从阿伦的回答中可以看出，那个人是一个能力出色，对组织也还算忠诚的人。之所以艾伦对他有这样的猜疑，说到底还是艾伦内心缺乏安全感，认为他会"功高震主"。

经过对问题的本质的不断探寻，以及对真实问题的反复厘清，大家似乎都开始意识到：问题的症结似乎不在别人，正好是在阿伦自己身上。阿伦的焦虑来自己自己的内心不够强大，担心自己在组织内部的影响力被削弱，他希望作为一个老板能控制整个局面，但他的能力又做不到这一点，因此生出许多猜疑。

换在平时的场合，估计会有人对阿伦进行道德说教，不过私人董事会的好处就在于，既然大家能够坦诚地把自己的问题抛出来，大家也不会站在道德的高地上去说那些大道理。大家也都现身说法，讲述自己以前在遇到类似问题时是如何处理的，大家的经历最多的就是要"反求诸己"，提升自己的领导力。

听了大家的现身说法之后，阿伦也颇有感触，这个问题已经困扰他很久了。这次私人董事会让他有了一种解脱的感觉，原来大家都有过类似的感受，而且这一切都是自己的"心魔"造成的，他应该为有这么一个得力干将感到高兴，而不应该是觉得是一个威胁，之所以觉得没有安全感，说到底是自己不够强。

我对副总很好，为什么他要走人

最近给好几个企业家群体做私人董事会教练，企业家们提到最多的问题就是团队管理的问题，其中有个问题大家讨论起来都很有共鸣：我对副总很好，为什么他要走人？

这样的故事很有普遍性：创始人找到自己多年的朋友，说服他一起来创业。"打虎亲兄弟，上阵父子兵"，多年的朋友信任感自然更好，一开始大家确实感觉都很不错。不过久而久之，各种各样的矛盾慢慢凸现出来，要么是大家对事业的目标出现了分歧，要么是对利益分配不是很满意，要么是创始人没有兑现当初的承诺。出于当初的友情，有些话不好说得太决绝，所以只好走人了事。

不管在离职时说得多么委婉，大多数人离职的真实原因不外乎两个：钱没给到位，感觉不太爽。创始人每天可以每天工作十几个小时，那是他的事业梦想，但对于团队成员而言，他们的工作动机无非三点：要钱、要权、要感觉！钱没给到位，自己的能力没有得到发挥，和老板没处理好关系，留在这里有什么意思呢？

遇到核心成员离职，创始人可能会觉得有很多委屈，觉得别人辜负了他的信任和好心。

企业中遇到的所有问题都是企业家的问题，其他人都可以找外部原因，而你只能从自己身上找原因：事情发展到这个地步，到底是我做错了什么？埋怨别人对自己的成长没有任何意义，而把所有问题都当作自己领导力的一个历练机会，才可能获得成长的机会。

创始人要打造一个稳定团队，第一步要做的就是建立稳定的企业文化。在企业规模还不大的时候，所谓的企业文化就是企业家自己的文化，企业家自己的个性和格局往往会决定企业的走向。成长型企业没有什么"民主决策"可言，企业家对企业的成败负有主要责任，他们必须经常做出一些重要决策。这些决策有可能是错的，这个时候他们必须为此买单，因为没有其他人会为此负责。

企业文化的核心是"愿景、使命和价值观"。一个稳定的团队，一定是一个"愿景、使命和价值观"趋同的团队。只有愿景和使命一致，两个人才会一直往前走。只有价值观相近，大家在行事方式上才不会有重大冲突。愿景、使命和价值观会持久地影响到一个人的动机、热情和行事方式，而且不会轻易改变。企业家在招聘重要职位的时候，一定要亲自把关，因为这会直接涉及团队的稳定性。

企业文化的建立不是一朝一夕建立起来的，需要团队成员之间反复沟通。很多人对同一件事情的理解很可能是不一致的，"你不意会，他不言传"，久而久之就会产生各种各样的误解。大多数人都是自我的，常见的思维方式是：我喜欢的你一定喜欢！大家那么熟，你还不理解我吗？你还别说，我认为你喜欢的东西，你还真未必就喜欢！一些认识十多年的朋友，还真就未必理解你的想法！

看《中国合伙人》，成东青看到孟晓骏因为公司上市的事情闹脾气，给他送了一套大别墅，没想到孟晓骏的脾气更大了。后来成东青知道孟晓骏之所以念念不忘要上市，是希望能够挽回当初在美国留学时丢失的尊严，他以孟晓骏的名义为他当初工作的实验室捐赠并以他的名字命名，孟晓骏看到了非常感动。给对方真正想要的，才能留住对方的心，这也是创始人必须要修的功课。

关于利益分配问题，创始人最好要在一开始就说清楚，并确保大家对这些问题的看法出于一致，而且说到做到。大家一起做事情，最忌讳的是：现在都还没做成什么事呢，等做成了再谈分配吧！在事情没有做成之前就谈利益分配未必那么公平，但确实是避免争论的重要方式。画饼的时候谈分配比较容易，要真把饼做好了再谈分配就难了。人们往往会高估自己的贡献，事后谈分配往往会产生矛盾。

组织的运作也是一个多次博弈的过程。一个良性和持续的博弈过程往往是这样的：大家一开始就要设定好规则，而且在这个过程中大家都能够真诚地为对方着想。一旦某方觉得对方行为没有达到自己预期，一定要在第一时间和对方沟通，看是不是因为沟通不畅导致的误解。如果通过沟通不能解决的问题，需要第一时间来解决。创业企业的稳定并非一成不变，而是一个动态变化的过程。

为什么留不住"90 后"员工?

按道理，管理基层员工应该是最容易的，但我好多次从企业家嘴中得到这样的疑惑：我们公司的那些"90 后"真是让我看不懂，他们似乎缺乏最基本的职业素养，还说不得，一不高兴就拍屁股走人了！

以温姐为例吧，她的公司这些年招收了近二十个大学毕业生，但最后只留下来了两个人。经常要他们做一些事情，但通常发现不靠谱，偶尔说话重了一点，那个人立即要辞职离开。她也反思自己是不是自己有什么问题，不过反思下来的结果是愈发委屈：你看我平时对他们也还是不错的，怎么就不能让我省点心呢?

企业家们都好为人师，要是在别的场合，一大波建议就扑上去了。听多了类似的故事，这些建议你都可以设想得出来：比如说把握好招聘关，找到合适的人；要经常和员工沟通，了解他们的真实诉求；加强企业文化建设，提升职业素养培训……你是不是觉得这些建议很熟悉呢？是的，大多数管理书籍和文章都是这样教你的，说得很对，但很难实践！

要解决问题，必先探究问题，还原问题的本质。在私董会上，我们要求所有人不断地问"问题所有者"，用连环式的提问方式来探究问题根源。在这个过程中，我们要求提问的人多用开放式问题，少用封闭式问题（只能回答是或者否），更不能给出具体的建议。为了增加大家的专注度，我们在现场放了两把固定的凳子，问题所有者和提问的人各坐一把。

温姐坐在一把凳子上，接受其他人的轮流询问。由于之前我们都对参与者做过简单的培训，教他们什么叫封闭式问题，什么叫开放式问题，什么样的问题是好问题，什么样的问题是差问题，还教他们了一些教练模型，因此大家很快能进入状态，提的问题质量也很高。

李强用经典的GROW（目标、现实、选择和计划的缩写）模型来提问："你满意的'90后'员工有什么特点？""你期待和他们保持什么关系？""现在最让你不满意的地方是什么？""哪些路径可以改善你们的关系？""你期待对方做出哪些改变？""这个过程中你能承担什么责任？""未来你有什么具体的行动计划？""你接下来要做的三件事情是什么？"

王俊则用"欣赏式探询"的方式来提问。"你有没有过和'90后'沟通默契的例子？""那一次沟通让你感觉最好的地方是什么？""为什么你觉得和他沟通默契呢？""你最欣赏他身上的什么特点？""你觉得你在这次沟通中哪些方面做得比较好？""与之相比其他沟通有什么可以改进的地方？""你觉得自己在处理人际关系方面可以承担什么责任？"

接下来每个人都用类似的问题来问温姐。温姐一边回答一边感慨：这个问题还真好，我以前怎么没想到呢？作为私董会主持，我的责任是营造一个可以畅所欲言的场域，而且对每个人的问题和回答做一些归纳，引导大家进行高品质的对话。一般来说，一个人最多只能从三个角度考虑问题，十几个提问者相当于提供了十几个角度，经过这种剥茧抽丝的提问方法，每个人都在进行反思，而且一旦问题明确之后，答案对于他们而言已经不言自明了。

在经过了一个多小时的提问，温姐觉得像是在思想的高压舱待了一个多小时，她自己也觉得之前的问题本身不够准确，她把问题调整为："我如何能更好地和'90后'交朋友？"你看，这个问题就显得更有建设性了。这个时候，我再让刚才提问的人给他一些具体的建议，由于刚才每个人在别人提问的时候也在反思，因此给出的建议也比平时泛泛而论的建议高质量了很多，尤其是一些人用自己的经验现身说法，因此显得更加有说服力，而且可具操作性。

最后我问温姐："你觉得今天最大的收获是什么？"她的回答是："我从来没想到，问题本身可能就是有问题的，因此要解决问题，首先要探究真问题，泛泛而论地给建议是危险的。"经过这个小小的示范，大家不仅仅解决了这个问题，更重要的是，通过这个问题反思了自己的心智模式，而且明白了提问的威力——一个好的问题往往比答案更有价值。

做一个善于提问的领导者

曹格是一家高成长企业的创始人，他颇具个人魅力，说话雷厉风行，一看就是个牛人。牛人也有牛人的烦恼，比如说在最近一次私董会上，他就抱怨他的高管没有决策能力，都等着他来发号施令，否则就不会执行。说到激动处，他忍不住说脏话："这帮窝囊废，我踢一下他们就动一下，我不踢他们就一动不动……"

在做领导力培训时，我们问道：

"你们公司平时是如何做决策的？"

"通常是我一个人做决策，因为我是老板，我是决策者。"

"中高层平时不参与决策吗？"

"他们主要的任务是执行，这样最有效率。"

"你现在面对的主要问题是什么？"

"这帮人没有决策能力，凡事都要我来发号施令。"

"那你希望这帮人有决策能力吗？"

"那是自然，否则我要累死了！"

"你不让下属决策，又抱怨人家没有决策能力，这是谁的问题？"

"……"

有些匪夷所思？如果你觉得曹格不适合做领导，那我们看看中国的"首富"宗庆后吧。娃哈哈公司没有副总，事无巨细都要他亲自决策，每次出差，他住的宾馆里的传真机都很忙，因为许多文件需要他亲自圈阅，否则没办法执行下去。宗庆后和曹格的区别在于，曹格觉得这有些不对劲，而宗庆后觉得这不是问题。

这样的情况在民营企业家还真不少。他们都是摸爬滚打闯出来的，强调是执行力和效率，久而久之，他们太习惯于发号施令了，导致很多下属习惯了耳提面命，久而久之就没有了决策的能力，也没有决策的意识。貌似老板的决策力提升了，但整个企业变成了一个人的帝国，企业也往往因为人才瓶颈停滞不前。

如何培养下属的决策能力呢？除了我们通常说的授权之外，一个很重要的方法就是善于辅导下属。如何辅导下属呢？就是作为一个领导，不仅要"授权于人"，而且要"赋能于人"，如果下属没有能力，再授权也没有用。通过"赋能于人"，就可以让下属不仅能执行，而且能决策，团队起来之后，老板也就被解放了。

这就要求老板要从传统的威权型领导向教练型领导转型。而作为一个教练型领导，一个重要的特质就是要善于提问，让下属不仅知其然，也要知其所以然。善于提出对的问题，也是领导者的重要能力。这种能力是很多企业家欠缺的，他们太习惯于发号施令了，从发号施令转向提问辅导，转变的挑战还真不少！

为什么不要轻易给出自己的建议呢？因为你连别人的情况都没搞清楚，你给出的建议多半是没有针对性。就算你的建议很好，当别人没有开始进入反思状态的时候，他们也听不进去你的建议。苏格拉底就是一个善于提问的高手，他用提问的方式把别人的智慧自然而然地呈现出来，因此被称之为智慧的"助产士"。

提出一个好的问题并不容易。因为一组好的问题应该是有结构型的，比如教练经常用的 GROW（成长）模型和 AI（欣赏式探询）模型，背后就蕴藏着一整套思维体系。而且善于提问的人多半是对这个问题有过深入思考的，他能通过表象看本质，而且洞悉人性的弱点，因此能够通过犀利的问题点醒"梦中人"。

第四节　创业者如何构建领导力

创业故事大都不可信

传记是对一个人的毕生总结，一个好的传记应该是经过周密访谈，历时多年才写成的。《史蒂夫·乔布斯传》就是一本很好的传记，作者沃尔特·艾萨克森是一个非常资深的媒体人，他用了将近三年的时间，采访了乔布斯身边的各种人——包括他的家人、同事和同行，还有他的对手，然后通过反复交叉求证，从而得以完整和相对客观地呈现一个完整的乔布斯。即便如此，他也只能说尽可能真实地还原乔布斯的一生，这样的传记是可信的。

但在中国，大多数企业家的传记不是这么写的。大多数传记的写作流程是这样的：作者和传主聊了多少个小时，然后结合一些公开资料，几个月就写成一本书。敬业一点的作者会对同行和同事做一些访谈，但总的来说这种观察和描述是相对单纬度的。这种传记有很强的公关色彩，很多企业家之所以愿意写传记，也是希望能留下一些名声，而他们很少有勇气直面自己的所有过去，会有意无意地修饰自己的人生，因此真实性是存疑的。

很多传记故事往往只有开头和高潮，却没有过程和低谷。其实，一个人成功路上一定是有低谷的，只不过那些企业家不说罢了，就像心头的一道伤疤一样。创业就像穿过一个漫长的隧道，你心中有一个信念，但是你看不到光明，你必须不断地往前走，中间经历了很多煎熬和挣扎，后来见到了一束光，你成功了，这是大多数真实的创业故事。

但是，很多传记文章中间看不到过程的艰辛，看不到内心的挣扎和纠结，我们看到只是一个开头和结尾，没有看到过程。其实真正的故事，过程中间才是最有魅力的，但是一方面这些人不会说，因为这个过程是非常艰难的。很多作者也没有足够耐心去问，当然这些故事都是单纬度的。如果一个人只是他讲自己的故事，因为人都是有局限性的，他往往看到的是他自己对自己有利的一面。他倒不是非常撒谎，其实人总归是有局限性的，所以这个时候，这种所谓的传记往往就缺乏真实性的考虑。

还有一个误区是媒体属性决定的。媒体就像一盏探光灯，在茫茫黑夜之中可能站着一百个人，这时候一个探光灯打过去，照到了某一个人。这个人当时已经成功了，然后媒体就开始给他们总结：这个人为什么能成功呢？它去搜索他所有的背景资料，还有他的一些言论，然后得出一个结论：这个人之所以成功，是因为过去做过一件什么事，说过什么话。反正一个人要是成功了，以前做的任何事都是对的，其实不过是一种事后总结罢了。

真实的版本是：当媒体在描述一个人的成功时，必定有99个跟他同样努力，同样勤奋，天分也差不多，但就是运气差一点的创业者。他们是沉默的大多数，因为他们失败了，媒体的探光灯照不到他们的头上。这也是媒体的悲哀，因为它照到的只是成功者，当然有时候也有失败者的案例，但这种案例也是根据媒体的需要来选择的。单个来看，即便这些故事完全真实，但是这种个案的真实，又能多大程度上反映作为一个群体的真实呢？

创业像登山一样，一开始可能有 100 个人登山，然后半山腰的时候发现只有 10 个人在继续登，然后快到山顶的时候可能只有两三个还在攀登，其他人都已经退出了，或者掉下去了，最后才有一到两个人成功登顶。这时候媒体的话筒伸到他面前：请问你是怎么成功的？这个人侃侃而谈，然后媒体会把这个故事包装给读者。读者也需要这种故事，因为他们看到了希望，也从中获得激励。企业家、媒体和读者达成某种默契，他们各取所需，共同塑造了我们通常看到的创业故事。

三个维度衡量创业者能走多远

投资圈有句名言：投资就是投人。创业是验证一个假设的商业模式的过程，它可能是对的，但大多数时候是错的，因此商业模式的变化是常有的事。很多优秀的投资人投项目，首要考虑的往往不是商业模式，而是创始团队尤其是创始人的综合能力。和变化莫测的商业模式相比，创始团队的能力反而是容易预测的，他们也是商业模式的设计者和执行者。

如何衡量创始团队和创始人的综合能力呢？很多投资人在意他们在某一个行业的成功经验，还有的则对他们以前工作过的公司非常看重，比如 BAT 工作过的创业者更容易受到他们的青睐。这种评价方式有些道理，但未免有些以偏概全，因为在一家知名大公司的工作经历和创业需要的能力并非一回事，以前的成功经历和创业成功也并非高度关联。

在一个快速发展的年代，经验也是一把双刃剑，它让创业者有章可循，但也会导致因循守旧。既然创业者是一个企业的领导者，而领导则是带领一群人完成一个挑战性目标的过程，那么考察创业者的领导力会比其经验更可靠。很多投资人总觉得领导力有些高大上，其实它是可以分解和量化的，通过对创始人领导力的评估，比凭直觉判断人更精确一些。

创业者的领导力包括哪些要素呢？中西方都有类似的表述，儒家的观点就是"诚意正心修身齐家治国平天下"，用现代的领导力理论则可以分为三个维度，分别是领导自我（和诚意正心修身向对应）、领导他人（和齐家对应）和领导创业（和治国平天下对应）。这三个层次又可以衍生出九种能力，他们由内而外相互影响，成为一个创业者的领导力模型。

创业者要过的第一关是领导自我。只有领导好自我，才能领导好他人和创业。创始人的使命愿景价值观，就是领导自我的核心要素，用儒家的话来说就是诚意正心。一个创业者的战略战术可以调整（类似于方向盘），但这个使命愿景价值观最好保持稳定（类似于船舵）。只有当你的使命愿景价值观能被人清晰地感知到，才能吸引那些意气相投的人参与进来。

创业者必须非常善于学习，这是领导自我的重要因素，大略等同于儒家中的修身。创业每天都在面对新情况，能不能在尽快短的时间内解决问题，往往决定创业的成败。这里所说的学习不局限于读书上课，而是快速获得一门新技能的过程。有的人通过读书上课学习，有的人通过和他们交流学习，有的人通过实践和反思学习，完整的学习过程应该兼而有之。

领导他人则需要三种彼此关联的能力：1. 你能不能把一群对的人凝聚

在一起？2. 你能不能激励他们做出卓越绩效？3. 你能不能培养他们不断成长？这三种能力都是以领导自我的能力为基础的，相当于自我能力在组织中的外化。

首先，凝聚对的人需要创始人有非常清晰的使命愿景价值观，只有这样才能感召他人。凝聚人的过程中还要有识人用人的能力，知道每个人的优点缺点以及如何为组织所用。柳传志有一句有名的九字真言——"搭班子、定战略、带队伍"，凝聚人就是"搭班子"的过程，把他放在"定战略"之前是有道理的，因为战略是由创始人和核心团队慢慢塑造出来的。

激励和培养团队则和"带队伍"相对应。当你把班子搭建好之后，就看你能不能让团队能有效地制定和执行战略，这就是"使众人行"。创始人应该花大量精力在激励和培养团队上来，一个组织的文化往往是创始人气质的外化，这主要是通过激励和培养团队完成的。马云在激励和培养团队方面就花了很多工作，让阿里巴巴成为一个管理能力非常强大的组织。

一个优秀的领导者通常深谙人性，他们知道每个人的动机是什么，并通过物质和精神层面的激励他们，让他们做出单个人无法完成的工作。一个优秀的领导者也通常是一个优秀的教练，他们知道如何赋能于人，让下属在能力和意愿上都向创始人期待的方向看齐。创业者一开始可能要做很多一线工作，比如技术、产品和市场，但当企业开始有一定规模之后，他必须把工作重点放在领导他人上去，也就是找人、激励人和培养人，只有这样企业才能做大。

领导自我和他人的目的是为了做事，尤其是做出卓越的事，这则考验领导者是否具备这四种能力：1. 能否有高瞻远瞩的战略思维能力？2. 能否有脚踏实地的执行能力？3. 能否有百折不挠的意志力和胸怀？4. 能否有随机应变的灵活性？其实，1和2、3和4的能力是有点矛盾的，很少有人天生具备这些看似矛盾的能力，这就需要创业者的自我修炼。

战略思维和执行能力都非常重要。创业首先要找准方向，方向不对再努力也没用。"取势、明道、优术"，势是第一位的，势就是方向。要顺势而为，而不是逆势而动，这就需要创业者有很好的战略判断力。执行能力是把问题搞定的能力，比如开发和销售产品，你能不能在很快的时间内拿出方案来，这对创业者来说非常重要，这有时候就有企业的生死线。

坚韧不拔对于创业者尤其重要，因为创业是不断探索、验证商业模式的过程。一开始想的可能就错的，所以面对市场考验，坚韧不拔的意志力，成为打不死的小强格外重要。但在大的方向坚持的同时，小的目标要不断调整，此路不通就要不停测试，随机应变。通常坚韧不拔的人可能不够随机应变的，随机应变的人可能太轻易放弃，而创业者必须平衡好。

为什么成功的创业者那么稀少？从这个领导力模型就能看出来，这真不是一般人能干的活儿。几乎没有人能在每个方面都做到卓越，但一定要在几个方面做到卓越，并且保证没有致命的短板。没有人是天生的领导者，因此创业的过程也是创业者不断修炼的过程。

"下一个马云"无法培养

想要培养"下一个马云"。怎么个培养法呢？

很多企业家对这个项目的出发点就表示怀疑：马云岂是能培养出来的？

商学院培养了那么多MBA，又有多少人成为成功企业家的？基于这种疑惑，除了 IMPM 教育体系之外，我还研究和实践亨利·明茨伯格的 Coach Ourselves（自我教练）和 Vistage（伟事达）的 Peer Advisory Board（本意是同僚建议董事会，后来翻译成私人董事会），还有当时流行的行动学习，慢慢地我开始形成了自己的判断，这个问题还真不是那么简单。

马云是不能培养出来的。每个企业家的成功都是不可复制的，他们的经历造就了他们自己，而这种经历是无法复制的，而且一个成功的企业家都是九死一生、大浪淘沙下来的。他们的成功有天分和努力的因素，也有一定的运气成分，和商学院教育没什么关系。从这个意义上来说，与其说是去培养"下一个马云"，倒不如说是去发现"下一个马云"。

然而，下一个马云是不能培养的，但领导力是可以培养的！任何一个企业家，通过一种"有意识的训练"，可以提升他的领导力，从而增加他成为"下一个马云"的概率。这种"有意识的训练"大多数时候是在他工作时完成的，包括一些有挑战性的工作，定期的反思和学习。在这个过程中，如果能有一个优秀教练的辅导，以及一群具有相似背景和难题的企业家相互关照和敦促，可以加快其领导力发展的速度。

一个人要发展自己的领导力，70% 来自于有挑战性的工作，20% 来自于同伴的经验分享，只有 10% 来自于课堂和阅读。这也解释了商学院很难培养领导力的重要原因，因为商学院擅长的知识传授只能解决 10% 的问题，还有 90% 的问题是需要在工作中解决的。领导力和管理一样，都是一门实践性极强的"手艺"，知道和做到是不一样的，做到和做好也是不一样的，中间存在巨大的鸿沟，必须靠实践中不断反思和精进，才能填平这个鸿沟。

打一个不是很恰当的比喻，提升领导力有点像是去健身房健身。你仅办一张健身卡，读几本健身书是远远不够的，你必须亲自训练起来，通过反复的、有压力的训练才能增强你的肌肉。在这个过程中，如果你能有一个私人教练，可以让你的训练更加科学，进步更加迅速，如果你还有一群志同道合的同伴，则有助于你更好地了解自己，而且彼此督促也有助于更好坚持。一个人的领导力就像他的肌肉一样，是可以通过反复训练得以改善，教练可以帮助他更好地训练自己，同伴则会让他更有信心坚持下去，这人就是领导力训练的诀窍。

一个人提升领导力有点像打游戏通关，每个阶段都有其挑战，没有放之四海而皆准的通行法则。十五年前的马云也不是今天这个样子，他是经过艰难探索和修炼才成为一个优秀领导者的，其中的挫败感和煎熬无人可以言说。后来我推广私人董事会，和很多企业家有过深入交流，更能体会卓越领导者是如何炼成的。还是那句话：领导者不是培养出来的，而是修炼出来的，他们必须每天面临各种挑战，私人董事会只是帮他们更好地应对挑战而已。

最后交代一些"创新领导力精英计划"的命运，由于初衷和方法都不对，那个计划不出意料地成了一个政绩工程。由于预算还不能不花掉，政府把这个项目分包给了三所知名的商学院，所有参加这个项目的企业家都可以获得一定额度的政府补贴。当然，这个项目只不过是这些商学院的另一个"总裁班"，和培养"下一个马云"的初衷没有任何关系了。

雷军的好运从何而来

当年小米手机刚出来的时候，很多做手机的人都看不起，觉得雷军玩手机是脑袋发昏，这下一定要搞砸了。一年之后，小米手机销售额高达 126 亿人民币，很多人开始看不懂了：一个公司依靠一部手机，在第一年的销售额就超过了百亿，凭什么呢？！2013年小米手机的销售额为316亿人民币，这个时候很多同行开始学习他了，便产生了一个叫"互联网思维"的东西，如今小米增速变缓，又有人说唱衰小米。"城头变幻大王旗、各领风骚三五年"，用来形容小米的发展更合适。

小米在备受媒体追捧的时候，经常有人问雷军："你怎么那么厉害？"雷军总是说："不是我厉害，是我运气好。"听到这个答案的人总会觉得雷军在装（说好听点叫谦虚），雷军说自己真不是谦虚："我们的团队是不错，产品不错，营销也不错，服务也还可以。但我认为最最重要的是，我们遇到了一个'台风口'，一头猪都能飞得起来的'台风口'。"他告诫那些创业者："如果你的企业想获得成功，我觉得要寻找属于你的'台风口'。"

一个人在成功之后还能如此清醒，把自己的成就归功于运气好，而不是自己的天赋异禀，应该说雷军是一个很谦虚和实在的。不过，如果把这种运气完全当作一种偶然，那可就大错特错了，分析雷军的创业史就知道，雷军能够找到互联网手机这个"台风口"，绝不是偶然的，这里面有太多值得后来者学习的东西了。大家都看到在"台风口"飞起来的猪，并津津乐道那些创业者的传奇故事，但只有探索如何到达那个"台风口"才有价值。

雷军是如何找到那个"台风口"的呢？说来话长，在开始找到这个"台风口"之前，雷军已经创业了近20年，在金山软件做WPS和网游，做得也还算成功，但离大成功还差那么一口气。他被誉为"IT届的劳模"，每天工作十几个小时，是很多年轻人学习的"创业导师"。到了2003年，雷军开始意识到"劳模"这个称号有点害人——"不就是无能吗？有本事就不做劳模了！"他开始反思自己：什么地方出问题了？是我的能力不行么，还是我们的团队不够好，还是我们的技术不够好，还是我们自己不够努力？

到了 2006 年，雷军终于想明白了：勤奋可以小成，想要有大成就，勤奋是远远不够的，最重要的是找到一个大的市场，顺势而为。换句通俗的话来说，就是找一个最肥的市场，然后等待那个"台风口"。他说："大家不要羡慕那些成功者，他们不过就是运气好，碰到了一次'台风口'而已。有了'台风口'以后才会靠本事，就是你怎么能飞着不掉下来，但要想飞起来最重要的是找到那个'台风口'，没有台风的时候，无论怎么努力和勤奋，都飞不起来。"

所谓选择"台风口"，说得学术一点，就是一个战略选择的问题——在对的时间点做了对的事情。对于大多数企业家来说，只要大家在这个行业里面有一定的经验，做对的事情是比较容易的，但要在对的时间点做对的事情，这是一件很难的事情。所谓天时地利人和，缺一不可，成功自然有运气成分，但背后的努力绝不只是依靠运气。

雷军选择的台风口就是移动互联网。早在 2006 年，他就相信移动互联网是下一个"台风口"，当时诺基亚的智能手机上网体验非常不好，但他相信这是未来的趋势，开始在这个行业投资一些企业。2007 年 7 月，第一代 iPhone 上市，他一下子买了二三十部 iPhone 给朋友们玩，他开始意识到这才是真正的智能手机，但由于苹果是不开放的，没有找到什么机会。2008 年 10 月，第一部 Android 手机——G1 发布。在看到 Android 的第一眼开始，雷军就知道一个巨大的机会开始了，这个世界最终会属于 Android，他准备要做 Android 手机了。

他的第一个想法是和那些现有的手机厂商合作，但聊了一圈下来，他发现那些手机厂商无法理解他的思维方式，所以决定自己开始做。2009年，他决定在手机行业创业，并从操作系统 MIUI 开始切入，当时他正好 40 岁，已经是一个成功的企业家，而且享有"创业导师"的美誉。他一度对这个称号非常抗拒，生怕创业搞砸了毁掉了自己的名声。在创业一年多的时候，他始终躲在这个项目背后，以至于很少有人知道 MIUI 是雷军的创业项目。到了 2010 年，他决定正式进军硬件领域，开始制作小米手机，一年后小米手机上市。

后面的故事大家都知道，我就不再一一赘述了。大家都习惯于描述成功者的光荣，但如果能思考这样一个问题会更有价值：为什么是一个手机领域的门外汉，能够在这么短的时间取得如此大的成就，仅仅是因为他遇到了台风口，仅仅是因为他运气好吗？

我尝试去回答这个问题。在成功创办小米手机之前，雷军已经有了近 20 年的创业经历，对趋势的把握已经到了相当高的境界，能够在对的时间找到那个"台风口"，这种能力不是一般人能够学得会的。不仅如此，由于他在 IT 圈里有极为深厚的人脉，因此能够在很短的时间里找到这个领域的资深专业人士，这些也是小米能够在短时间创造辉煌的重要原因。找对了大势，接下来就是如何把事情做对了，这个时候他的团队已经完全可以胜任了。

企业家一定要懂得顺势而为，只有这样才能找到"台风口"，然后飞起来。

从"我能"到"我不能"

有两位上市公司的董事长，所在公司规模都是十几个亿。

一个公司横跨了农业、文化、房产、制造业等好几个行业。每半年公司会开一次高管会议，几个事业部的老总都要轮流发言，报告各自事业部最近的经营状况。往往一个事业部老总在发言的时候，别的老总都在闭目养神，甚至表情痛苦，为什么呢？因为彼此不了解对方的情况，无从评判和比较，这个会自然也就开得非常别扭和低效。

另一个公司则只做制造业，每次开高管会议的时候，每个分公司的老总发言时，大家都在聚精会神地听。各个分公司的老总做的事情都比较相近，把一些分公司的销售数据列出来，哪个分公司做得好，哪个分公司做得不好，一目了然，大家都有一种紧迫感和竞争压力。会议开起来很简单，问题讨论也高效，每次开完会大家都有紧迫感。

同样是两个开会的细节，却能体现出专业化和多元化公司的差别。在专业化公司里，开会的时候大家比的是同一样东西，谁优谁劣一目了然。但在多元化公司里，不同行业的情况差别很大，就像苹果和橘子很难比较一样。几个完全不同的行业凑在一起，除了财务数字可以比较之外，其他数据无从比较，也因此很难管理。拿做家电的思路看房地产，或用医院管理的思路来运营物流，结果无疑会付出惨重的代价。

有的老板不服，他们心想："做企业都一样，不同行业有什么关系？！"不过，不同行业的运营情况还真就不一样！单纯把企业规模做大，摊子铺得更广，不见得是一件好事。举一个不太恰当的例子，有时候一个人长胖了，体积比之前更大，但身体素质并没有变化，很可能比以前更加虚弱不堪。专业化不仅仅是一种战略选择，也是一个企业家能力的体现。

在创业初期，老板们大都天性爱冒险，发现眼前有机会不去抓住，心里就如同猫抓一般的难受。他们的口头禅是："遍地都是黄金，为什么你们就不去捡呢？"不过，他们不知道的是，就算是满地黄金，要把它捡起来也很不容易。所谓机会，更像是满江河豚，河豚肉很鲜美，但要尝到河豚的美味，也要有高超的烹调技巧，否则反而要受其剧毒所害。

很多民营企业老板的发家路径要么是靠拍脑袋仗着满腔的激情做出来的，要么是靠奋发自强的路子步履维艰地走出来的。在他们的成功道路上，运气总是占有一定的成分，但是缺乏理性的市场研究。对于他们来说，最麻烦的不是对各个专业不精通，而是"不知道自己不知道"，怀着"无知者无畏"的心态，在盲目和无知的路上一条道走到黑。

战略就是选择做什么，不做什么，不能什么都做。舍得舍得，有舍才有得，在分工越来越细化的时代，选择"不做什么"比选择"做什么"更重要，已经成为企业发展的关键。有些企业，不能平衡好"得"与"失"的关系，往往是什么都做，从产品研发、采购、生产制造到销售，只要觉得有利可图，什么都做。最后企业规模做得很大，但利润率却不高。

很多老板因为事业有成，往往会把自己看作"超人"——无所不能，无所不管。没有什么比成功更失败的，因为获得成功，需要牺牲很多东西，比如越发浓厚的"超人情节"，比如不断膨胀的自我内心，这些往往是导致一个人走向失败的重要原因。他们往往不知道自己是谁，到底要什么，擅长什么，不擅长什么，因此很容易看到什么赚钱就做什么，硬生生地把把自己的企业做成了多元化企业。

王石一直在宣称：我们能力有限，所以只能选择专业化。在王石的引领下，万科一直在做减法，专注于中产阶级的住宅，不会去做其他领域。史玉柱也经历过从多元化到专业化的转变，他在经历了从中国的"首富"到"首负"之后，也意识到自己能做什么，不能做什么，专注一款保健品，专注一款游戏，最后大获成功。

王石给中国移动做过一个广告，广告语只有两个字："我能！"在创业阶段，为了提高士气，经常喊些励志的口号是有必要的。不过当企业达到一定规模时，就要意识到"我不能"，不能继续膨胀，应该专注和精简。"我能"很提气，但老板要经常告诫自己："我不能！"

跨界创新者是如何炼成的？

聂圣哲，江湖外号"夜神贼"，他在微博上嬉笑怒骂，甚至还和方舟子吵过架。不了解他的人，以为他只是一个说话比较极端的"公知"，但熟悉他的人知道，他在微博上表现出来的样子，和他的真实身份相差甚远。

他最为人知的身份是德胜洋楼的创始人。他32岁时创办这家公司时国内甚至没有木制别墅这个行业，目前这家公司是国内木制别墅的行业冠军。他创办的"德胜管理"则是一个和海底捞一样现象级的管理典范，至少有四本书是研究德胜的管理哲学的，每天都有企业和个人慕名前来德胜公司，希望学点什么。

但聂圣哲对经营管理似乎并不热衷，他声称花在企业上的时间只是10%。其他90%的时间干什么了？做教育和文学创作。他是四川大学苏州研究院的执行院长和同济大学的兼职教授，以及长江平民教育基金会的主席，他创办的休宁德胜鲁班木工学校首创"匠士"学位。不仅如此，他在许多文学期刊上发表文学作品，他联合执导的《为奴隶的母亲》曾获得国际艾美奖，策划和监制的《徽商》在中央电视台多次播出，而他编剧的黄梅戏《徽州往事》则在全国巡演。

说到这里，你可能觉得这个人有点意思了。再说说他的学术背景吧，他本科读的是四川大学的化学，毕业之后在安徽大学和中科大任教，23岁就被聘为副研究员，出版过两本化学专著。后来他去美国读书的时候，开始对美制别墅着迷了，专门研究研究木制别墅的构造，并出版了国内第一本美制别墅的教科书。简单来说就是，他至少涉足五个领域，而且都在这些领域做到了很高的水平。

把这些跨界经历和成绩放在一个人身上，在一般人看来确实有些匪夷所思。大多数人一辈子能把一件事情做好就已经很了不起了，而聂圣哲能够在五个看上去不相干的领域都取得卓越成就，已经在挑战做事情要"专业专注"的通行规则了。

聂圣哲认为，这其实没那么难，化学和木结构都是理工科范畴，他的确花了很多工夫，因为理工科不太好跨界。但经营企业、制定管理制度、编写剧本和创办学校的跨界并没有那么大，在他看来都算不是需要严格训练的专业，更多地考验一个人的哲学思辨能力。对于一个"理工男"而言，关键在于发现其中的基本原理，然后就一通百通了，成了这些文科领域的专家，根本就不是个事儿。

史蒂夫·乔布斯和埃隆·马斯克，他们从事的行业千差万别，但思维方式确实有异于常人的相通之处。他们往往不是从现有模式中归纳总结出规律，然后学习"最佳实践"获得成功。他们往往喜欢探究问题本质，从事情中提炼出核心原理，然后再演绎推理，发现其中的创新点并获得成功。虽然他们确实在跨界，但从思维方式来看他们做的事都有相通之处。

这也是创新者和追随者的区别。创新者往往是用"演绎推理"的方法来做产品的，比如 iPhone 的诞生是基于这样的问题来思考的：一款革命性的智能手机应该具备哪些功能？这种思维方式往往能带来"颠覆性创新"。追随者往往用"归纳总结"的方法去学习，也就是说看到了一个成功的模式，然后去研究其中成功的要素，然后加以模仿和改进。几乎所有智能手机都是对苹果的第一代 iPhone 的持续改进，他们追求的是"更大的屏幕、更薄的机身、更快的速度、更大的容量"，但在基本原理上并没有根本性改变，学术上称之为"持续性创新"。

是这些创新者很牛吗？初看上去的确如此。比如史蒂夫·乔布斯先后改变了电脑行业、软件行业、音乐行业、电影行业和通信行业的规则，并在这些领域都做到了出类拔萃。而埃隆·马斯克则在互联网、电动跑车、太空探索技术和新能源都有了很高的成就。但他们其实并非这些领域的技术专家，他们有一个无人能敌的优势，即非常善于洞察消费者都没有意识到的需求，并且能够凝聚一批业内的牛人，把一些看上去并不相干的技术组合在一起，创造让人印象深刻的产品。

这种跨界创新能力需要两种看上去完全相反的思维方式：第一是"由内而外"从事情本质出发演绎推理的能力，第二是"由外而内"从用户角度看待一项技术的市场价值的能力。同时具备这种思维能力的人我称之为"内行的外行人"，这是一种非常稀缺的能力，这也是跨界创新为什么那么难的原因。这种能力不可能通过模仿获得，而是需要一些特别的天赋，再加上长期"有意识训练"才能获得。

全方位领导力

对于大多数普通人而言，你可能永远无法获得这种能力。但如果你能有意识地训练这两种完全相反的能力，至少可以让自己看上去比别人有意思一点。

图书在版编目（CIP）数据

全方位领导力 / 风里, 陈雪频, 包晨星著. -- 北京:
中国友谊出版公司, 2017.2
ISBN 978-7-5057-3963-5

Ⅰ.①全… Ⅱ.①风… ②陈… ③包… Ⅲ.①领导学
Ⅳ.①C933

中国版本图书馆CIP数据核字（2017）第014106号

书名	全方位领导力
作者	风　里　陈雪频　包晨星　著
出版	中国友谊出版公司
策划	杭州蓝狮子文化创意股份有限公司
发行	杭州飞阅图书有限公司
经销	新华书店
制版	杭州真凯文化艺术有限公司
印刷	杭州钱江彩色印务有限公司
规格	710×1000毫米　16开
	16.5印张　245千字
版次	2017年2月第1版
印次	2017年2月第1次印刷
书号	ISBN 978-7-5057-3963-5
定价	49.00元
地址	北京市朝阳区西坝河南里17号楼
邮编	100028
电话	（010）64668676